Família e sexualidade

uma abordagem teológica

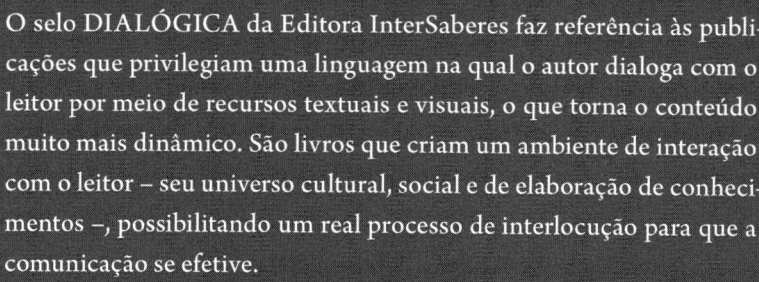

SÉRIE PRINCÍPIOS DE TEOLOGIA CATÓLICA   DIALÓGICA

O selo DIALÓGICA da Editora InterSaberes faz referência às publicações que privilegiam uma linguagem na qual o autor dialoga com o leitor por meio de recursos textuais e visuais, o que torna o conteúdo muito mais dinâmico. São livros que criam um ambiente de interação com o leitor – seu universo cultural, social e de elaboração de conhecimentos –, possibilitando um real processo de interlocução para que a comunicação se efetive.

Família e sexualidade
uma abordagem teológica

Robson Stigar

Rua Clara Vendramin, 58 . Mossunguê
CEP 81200-170 . Curitiba . PR . Brasil
Fone: (41) 2106-4170
www.intersaberes.com
editora@editoraintersaberes.com.br

Conselho editorial
Dr. Ivo José Both (presidente)
Drª Elena Godoy
Dr. Nelson Luís Dias
Dr. Neri dos Santos
Dr. Ulf Gregor Baranow

Editora-chefe
Lindsay Azambuja

Supervisora editorial
Ariadne Nunes Wenger

Analista editorial
Ariel Martins

Preparação de originais
Cezak Shoji

Edição de texto
Viviane Fernanda Voltolini
Arte e Texto Edição e Revisão de Textos
Gustavo Piratello de Castro

Capa e projeto gráfico
Iná Trigo (*design*)
Tatiana Kasyanova/
Shutterstock (imagem)

Diagramação
Studio Layout

Equipe de *design*
Sílvio Gabriel Spannenberg
Laís Galvão

Iconografia
Regina Claudia Cruz Prestes

1ª edição, 2018.
Foi feito o depósito legal.

Informamos que é de inteira responsabilidade do autor a emissão de conceitos.

Nenhuma parte desta publicação poderá ser reproduzida por qualquer meio ou forma sem a prévia autorização da Editora InterSaberes.

A violação dos direitos autorais é crime estabelecido na Lei n. 9.610/1998 e punido pelo art. 184 do Código Penal.

Dados Internacionais de Catalogação na Publicação (CIP)
(Câmara Brasileira do Livro, SP, Brasil)

Stigar, Robson
    Família e sexualidade: uma abordagem teológica/Robson Stigar. Curitiba: InterSaberes, 2018. (Série Princípios de Teologia Católica)

    Bibliografia.
    ISBN 978-85-5972-666-4

    1. Família – Aspectos religiosos – Igreja Católica 2. Sexualidade 3. Sexualidade – Aspectos religiosos – Cristianismo I. Título II. Série.

18-12862   CDD-241

Índices para catálogo sistemático:
1. Família e sexualidade: Teologia moral   241

Sumário

Apresentação, 11
Organização didático-pedagógica, 15

1 Sexualidade humana na perspectiva da doutrina da Igreja, 21
1.1 Tratamento à sexualidade humana na Sagrada Escritura, 24
1.2 Magistério da Igreja e orientações sobre a sexualidade, 35
1.3 Sexualidade e vocação, 42

2 Sexualidade humana e desordens sexuais, 55
2.1 Antropologia da sexualidade, 58
2.2 Doutrina sexual e desordens sexuais, 62
2.3 Posicionamento da Igreja com relação às principais desordens sexuais, 66

3 Matrimônio e doutrina da Igreja, 79
3.1 Os princípios do matrimônio segundo a Sagrada Escritura, 82

3.2	Matrimônio nos documentos do Concílio Vaticano II, 88	
3.3	Matrimônio nos documentos pós-conciliares, 97	
4	**Família e paternidade responsável, 115**	
4.1	Matrimônio e procriação na doutrina da Igreja, 118	
4.2	Contracepção e magistério da Igreja, 125	
4.3	Paternidade responsável e planejamento familiar, 133	
5	**Matrimônio e situações de exceção, 143**	
5.1	Doutrina da Igreja sobre as situações matrimoniais de exceção, 146	
5.2	Diferentes situações matrimoniais de exceção, 151	

Considerações finais, 165
Lista de abreviaturas, 169
Referências, 171
Bibliografia comentada, 173
Respostas, 175
Sobre o autor, 179

"De modo que já não são dois, mas uma só carne. Portanto, o que Deus uniu, o homem não deve separar". (Mt 19: 6)[1]

---

[1] Essa passagem bíblica foi extraída de Bíblia (2017).

À minha amada esposa e companheira, Vanessa Ruthes.

Ao casal Maurício e Rosimari Gogola, que está colhendo os frutos de seu testemunho matrimonial com o nascimento de seu filho, Miguel.

A Afonso Maria Ligório Soares (*in memoriam*), grande amigo e mestre.

Apresentação

Nesta obra, procuramos levá-lo, leitor, a refletir acerca de temáticas que envolvem sexualidade, matrimônio e família com base em fundamentos teologais e na doutrina da Igreja católica tendo como foco o mundo atual.

A sexualidade é considerada uma das dimensões que afetam profundamente o ser humano em sua constituição como pessoa. Tendo em vista tal relevância, a Igreja tem uma visão própria e teológica acerca de sua vivência, e é nesse sentido que esta obra se faz respeitável.

O matrimônio também é de suma importância; por isso, buscamos aqui promover uma ampla reflexão teológica acerca de sua constituição, sua função e seus desafios na atual sociedade, dado que é "um dos bens mais preciosos da humanidade" (FC[1], n. 1), pois é considerado o "princípio

---

[1] Usamos nesta obra algumas siglas para fazer referência a documentos eclesiásticos. Aqui FC refere-se à exortação apostólica de João Paulo II *Familiaris Consortio*. Disponível em: <http://w2.vatican.va/content/john-paul-ii/pt/apost_exhortations/documents/hf_jp-ii_exh_19811122_familiaris-consortio.html>. Acesso em: 22 jan. 2018.

e o fundamento da sociedade humana" (AA[2], n. 11). Eis aí a necessidade de se fazer uma reflexão teológica sobre o matrimônio na contemporaneidade.

A família é outra questão considerada nesta obra, tendo em vista os aspectos doutrinais e pastorais que a envolvem, e buscando conhecer o posicionamento da Igreja sobre ela no que se refere às relações pré-matrimoniais e à questão dos divorciados, dos recasados e da união das pessoas do mesmo sexo.

No Capítulo 1, abordaremos a sexualidade humana com base na doutrina da Igreja e o levaremos, leitor, a produzir algumas reflexões por meio da Sagrada Escritura, enfatizando os princípios apresentados no Antigo Testamento sobre a sexualidade e estabelecendo um contraponto com a visão do Novo Testamento, principalmente a presente nos escritos paulinos. Posteriormente, apresentaremos a visão mais recente da doutrina da Igreja sobre a sexualidade, principalmente a presente na declaração *Persona Humana: sobre alguns pontos de ética sexual*, nas *Orientações educativas sobre o amor humano* e no documento *Sexualidade humana: verdade e significado*. Por fim, com base na doutrina exposta, vamos expor as diferentes maneiras de vivência da sexualidade pautadas nas várias formas de vocação existentes.

No Capítulo 2, apresentaremos a doutrina da Igreja com relação às situações entendidas como "desordens no âmbito da sexualidade", ou seja, que não estão de acordo com a concepção eclesial e moral da Igreja. Assim sendo, abordaremos os princípios da doutrina sobre o ser humano e como esta se relaciona às questões da vida sexual. Analisaremos ainda os fundamentos da doutrina moral sobre a qual a Igreja alicerça seu discurso a respeito do comportamento humano e como esta impacta a vivência da sexualidade. Por fim, traremos ao seu conhecimento o posicionamento e as orientações pastorais da Igreja no

---

2 AA – Decreto *Apostolicam Actuositatem: sobre o apostolado dos leigos*. Disponível em: <http://www.vatican.va/archive/hist_councils/ii_vatican_council/documents/vat-ii_decree_19651118_apostolicam-actuositatem_po.html>. Acesso em: 22 jan. 2018.

que concerne aos comportamentos de ordem sexual que transgridem os princípios expostos no início do capítulo.

No Capítulo 3, objetivando elucidar os fundamentos teológicos que balizam o casamento, comentaremos as concepções de matrimônio presentes na Sagrada Escritura, bem como os princípios mais relevantes que delas emanam. Posteriormente, mostraremos como o tema é tratado nos documentos do Concílio Vaticano II, em especial na constituição pastoral *Gaudium et Spes*, que realiza uma análise deste com base no contexto hodierno. Na sequência, citamos os documentos pós-conciliares que abordam a questão do matrimônio e da vida matrimonial, em especial, a carta encíclica *Familiaris Consortio* (FC) e a *Carta às Famílias*, ambas do pontificado de João Paulo II.

No Capítulo 4, versaremos sobre os vários aspectos que integram a questão da paternidade responsável. Para tanto, listaremos os princípios teológicos que fundamentam a doutrina da procriação, a qual é parte intrínseca da vocação matrimonial. Também analisaremos os aspectos morais que envolvem a intervenção da ciência e da tecnologia no processo procriativo, buscando compreender o posicionamento da Igreja a respeito dessa questão. Posteriormente, desenvolveremos uma reflexão sobre a regulação da natalidade, tanto por via natural quanto com a utilização de métodos contraceptivos. Por fim, discorremos sobre como o planejamento familiar pode auxiliar no processo de desenvolvimento da paternidade responsável.

Para concluir esta obra, no Capítulo 5, faremos referência as situações de exceção ao matrimônio, ou seja, aquelas uniões cujo relacionamento não está pautado na doutrina da Igreja Católica.

O presente livro apresenta a questão da família e da sexualidade de forma introdutória, buscando levar você, leitor, a compreender, de forma clara e objetiva, essa temática tão importante para a formação teológica. Assim, fazemos a você o convite de refletir com o magistério da Igreja sobre essas questões.

Boa leitura!

Organização didático-pedagógica

Esta seção tem a finalidade de apresentar os recursos de aprendizagem utilizados no decorrer da obra, de modo a evidenciar os aspectos didático-pedagógicos que nortearam o planejamento do material e como o aluno/leitor pode tirar o melhor proveito dos conteúdos para seu aprendizado.

Introdução

Logo na abertura do capítulo, você é informado a respeito dos conteúdos que nele serão abordados, bem como dos objetivos que o autor pretende alcançar.

Importante!

Algumas das informações mais importantes da obra aparecem nestes boxes. Aproveite para fazer sua própria reflexão sobre os conteúdos apresentados.

Aprofundando...

Nesta seção, apresentamos trechos de documentos oficiais da igreja ou passagens bíblicas que oferecem a você a oportunidade de aprofundar a leitura sobre os temas em foco no capítulo.

o sentido de amor mútuo e verdadeiro e a sua ordenação para a altíssima vocação do homem para a paternidade" (HV, n. 12).

É salutar pontuar que existem diferentes grupos que reivindicam o direito à procriação, como as mulheres solteiras e os casais homossexuais¹. Para a Igreja, esta somente é aceita no contexto da relação matrimonial, tendo em vista que é nela que os filhos podem "descobrir a própria identidade e amadurecer a própria formação humana" (IDV⁶, n. II, A, 1).

Sobre essa situação, é oportuno abordarmos também o tema da procriação com o uso de técnicas de reprodução assistida, que, a partir da década de 1970, começaram a ser realizadas com seres humanos.

Esclarecendo...

Para que possamos compreender o posicionamento da Igreja com relação às técnicas de reprodução assistida, é deveras importante conhecermos quais são essas técnicas e como elas são realizadas.

As técnicas de reprodução assistida podem ser classificadas de diferentes formas. Segundo Berühlfontane (2004), algumas utilizam métodos de baixa complexidade, como as de inseminação artificial (outras de alta complexidade, como a fertilização *in vitro*).

> As técnicas de inseminação artificial [...] têm como princípio a fecundação intracorpórea. Elas foram utilizadas inicialmente para resolver problemas de casais heterossexuais que possuíam

---

Esclarecendo...

Nesta seção, fazemos uma pausa na abordagem para apresentar a você explicações adicionais sobre um tema importante que costumeiramente gera dúvidas.

O ideal eclesiológico, decorrente do primeiro, refere-se aos casos em que a pessoa é conquistada pelo amor de Jesus a ponto de abandonar tudo por Ele, oferecendo-se integralmente à comunidade eclesial (CESC, n. 26), dedicando-se de coração e com maior disponibilidade de tempo para o serviço a Deus e à Igreja.

Por fim, o ideal escatológico antecipa a consumação do Reino de Deus pelo anúncio da plenificação da vivência do amor ágape, no qual os celibatários, em especial, são chamados a testemunhar seu amor a Deus e aos irmãos.

Síntese

Neste capítulo, apresentamos a sexualidade sob a perspectiva da Sagrada Escritura, do magistério da Igreja e das várias formas e estados de vida pelos quais ela se expressa.

Assim, explicamos que, apesar de não encontrarmos no Antigo Testamento uma doutrina acerca da sexualidade, o tema é referido em diferentes contextos nele relatados. Na narração da doutrina da criação, por exemplo, encontramos características que permeiam toda a concepção posterior sobre a vivência sexual, como: a importância da interpessoalidade, da igualdade e da unidade entre homem e mulher; a sacralidade dessa relação, mantida à luz da imagem e semelhança de Deus; e a centralidade do mandamento da fecundidade.

Comentamos que no Novo Testamento, tanto nos Evangelhos quanto nas cartas paulinas, a vivência virginal é indicada como modelo de vida sexual, a qual tem como finalidade a construção do Reino e a dedicação de vida a Deus. Também fica evidente o tema da condenação, principalmente por parte da teologia de Paulo, das condutas pecaminosas relativas à sexualidade, ressaltando-se a fornicação, o adultério e a homossexualidade.

Síntese

Você conta, nesta seção, com um recurso que o instigará a fazer uma reflexão sobre os conteúdos estudados, de modo a contribuir para que as conclusões a que você chegou sejam reafirmadas ou redefinidas.

Explicamos que tais pressupostos orientam a formação da doutrina do magistério da Igreja, que, em conjunto com a Tradição apostólica, principalmente a partir do século XX, tem demonstrado grande interesse em tratar da temática da sexualidade. Sob esse aspecto, analisamos em especial três documentos: a declaração *Persona Humana*, as *Orientações educativas sobre o amor humano* e *Sexualidade humana: verdade e significado*. Esses três documentos demonstram uma preocupação com a corrupção dos costumes, apresentam os fundamentos de uma doutrina para a sexualidade e ressaltam a importância da educação para a vida sexual.

Por fim, discorreremos sobre o modo como, segundo essa perspectiva, a sexualidade deve ser vivenciada em diferentes formas e estados de vida, as quais se enquadram em duas classes: a conjugal e a celibatária. Na primeira, o fundamento da vivência sexual é a comunhão espiritual edificada no amor que se desdobra no amor mútuo. Na segunda, pessoa fundamentada em Cristo e em sua missão vive o cultivo, por meio da castidade, da abstinência sexual.

Indicação cultural

No site que indicamos a seguir, você encontra um artigo sobre o panorama geral da ética cristã acerca da sexualidade. Neste texto, o autor aborda essa temática sob uma perspectiva bíblica, perpassando pela reflexão própria da tradição teológica medieval e a concluindo para uma análise com base em documentos mais recentes da Igreja.

ZILLES, U. Visão cristã da sexualidade humana. *Revista Teocomunicação*, Porto Alegre, v. 39, n. 3, p. 336-350, set./dez. 2009. Disponível em: <http://revistaseletronicas.pucrs.br/ojs/index.php/teo/article/download/7893/5476>. Acesso em: 23 jan. 2018.

Indicação cultural

Nesta seção, o autor oferece algumas indicações de livros, filmes ou sites que podem ajudá-lo a refletir sobre os conteúdos estudados e permitir o aprofundamento em seu processo de aprendizagem.

Atividades de autoavaliação

1. No Antigo Testamento não há uma união conceitual sobre a sexualidade. Mesmo após a Revelação de Deus ao seu povo de Israel, percebemos que os textos da Sagrada Escritura abordam a questão da sexualidade sob diferentes óticas. Sobre esse assunto, assinale a alternativa que expressa corretamente a abordagem do conjunto de livros do Antigo Testamento sobre a sexualidade.
   a. Os livros históricos apresentam o aspecto moralizador da sexualidade, os proféticos a usam como elemento metafórico para indicar o relacionamento de Deus com seu povo e os livros sapienciais apresentam os princípios com base nos quais se deve desenvolver a vida sexual.
   b. Os livros históricos apresentam os princípios com base nos quais se deve viver a sexualidade, os proféticos a usam como elemento metafórico para indicar o relacionamento de Deus com seu povo e os livros sapienciais demonstram o aspecto moralizador a ela relacionado.
   c. Os livros históricos demonstram a sexualidade como parte da vivência religiosa de Israel, que a incorpora em seus mitos e ritos, os livros proféticos demonstram seu aspecto moralizador e os livros sapienciais a apresentam como pressuposto moral.
   d. Os livros históricos apresentam a sexualidade em forma de denúncia da corrupção e do afastamento de Deus, os proféticos como princípio com base no qual se deve desenvolver a vida sexual e os livros sapienciais como pressuposto moral.

2. No Novo Testamento um aspecto emerge na discussão acerca da sexualidade: a virgindade. Esta é apresentada já nos Evangelhos, em especial no de Mateus, e também nas cartas paulinas. Sobre o tema da virgindade, analise as seguintes afirmações:

Atividades de autoavaliação

Com estas questões objetivas, você tem a oportunidade de verificar o grau de assimilação dos conceitos examinados, motivando-se a progredir em seus estudos e a se preparar para outras atividades avaliativas.

Atividades de aprendizagem

Aqui você dispõe de questões cujo objetivo é levá-lo a analisar criticamente determinado assunto e aproximar conhecimentos teóricos e práticos.

Bibliografia comentada

Nesta seção, você encontra comentários acerca de algumas obras de referência para o estudo dos temas examinados.

1
Sexualidade humana na perspectiva da doutrina da Igreja[1]

---

[1] Todas as passagens bíblicas referidas neste capítulo foram extraídas de Bíblia (2017). Para as citações de documentos eclesiais diversos, usamos aqui siglas para sua identificação, seguidas do número do item correspondente. No tocante aos documentos eclesiais emitidos pelo Concílio Vaticano II, esclarecemos que podem ser consultados acessando-se a página eletrônica Documentos do Concílio Vaticano II, do *site* oficial La Santa Sede (2018). Para esses e outros documentos, emitidos por diferentes divisões do Vaticano, indicaremos os endereços eletrônicos específicos ao longo do capítulo.

A sexualidade é considerada uma das dimensões que mais profundamente afetam o ser humano em sua constituição como pessoa, conferindo "à vida de cada um dos indivíduos os traços principais que a distinguem" (PH², n. 1). Tendo em vista tal importância, a Igreja tem sua visão acerca da sexualidade e de sua vivência, que vem sendo construída pela tradição.

---
2 PH – Declaração *Persona Humana: sobre alguns pontos de ética sexual*. Disponível em: <http://www.vatican.va/roman_curia/congregations/cfaith/documents/rc_con_cfaith_doc_19751229_persona-humana_po.html>. Acesso em: 22 jan. 2018.

Assim, neste capítulo, iniciaremos nossas reflexões com base na Sagrada Escritura enfatizando os princípios apresentados pelo Antigo Testamento sobre a sexualidade, estabelecendo um contraponto com a visão do Novo Testamento, principalmente a que está presente nos escritos paulinos.

Posteriormente, apresentaremos a visão mais recente da doutrina da Igreja sobre a sexualidade, principalmente a presente na declaração da Sagrada Congregação para a doutrina da fé *Persona Humana: sobre alguns pontos de ética sexual*, nas *Orientações educativas sobre o amor humano: linhas gerais para uma educação sexual*, emitido pela Sagrada Congregação para a Educação Católica, e no documento *Sexualidade humana: verdade e significado*, do Conselho Pontifício da Família.

Por fim, com base na doutrina exposta, trataremos das diferentes formas de vivência da sexualidade pautadas nas várias formas de vocação existentes.

1.1 Tratamento à sexualidade humana na Sagrada Escritura

Na Sagrada Escritura, a sexualidade é abordada por meio de diversos enfoques, relacionados a aspectos históricos, sociais, culturais e religiosos. Não há, portanto, um modelo de sexualidade único na Escritura, mas diferentes interpretações desta tendo em vista os contextos narrativos.

1.1.1 Sexualidade no contexto do Antigo Testamento

Segundo Zuccaro (2004), a sexualidade no contexto veterotestamentário não tem em si uma unidade conceitual, mas deve ser entendida com base no contexto cultural, cultual e religioso do povo de Israel. Para isso, é importante compreender que tal contexto constitui um rompimento com a visão predominante entre os povos vizinhos à Israel. Estes, politeístas, sacralizavam a sexualidade, que era expressa por meio de mitos[3] nos quais as divindades se tornavam modelos de relação entre os seres humanos. Elementos como amor, paixão, sexo, traição, fecundidade e matrimônio permeiam a constituição destes. Já os ritos[4] expressavam a crença de que por meio da sexualidade poderia estabelecer-se uma conexão com o divino. Assim, cultos nos quais havia a chamada *prostituição sagrada* e a hierogamia – união sexual entre seres humanos e deuses ou entre deuses – eram muito comuns.

É importante ressaltarmos que, nessa concepção religiosa de sexualidade, não há interconexão entre elementos como amor e sexo ou amor e matrimônio ou, ainda, entre amor e fecundidade. Esse modelo, próprio das religiões politeístas dos povos que viviam nos arredores de Israel, tinha como pressuposto a fragmentação de cada uma dessas partes.

---

3 *Mito*, entre outros sentidos, tem o significado de "narrativa". Trata-se de modo de explicar determinada realidade, fundamentando-se em aspectos relacionados a um conjunto cultural e de crenças. Entretanto, faz parte de um contexto maior, que compõe a visão de mundo de um povo ou de uma sociedade (Abbagnano, 1999).

4 O *rito* pode ser entendido como um dos elementos da prática religiosa que, em continuidade do mito, se expressa por meio de palavras e ações que, realizados de forma repetida e organizada, compõem uma cerimônia. Em linhas gerais, é executado conforme determinadas normas, mas não de maneira mecanizada (Schwikart, 2001).

No Antigo Testamento, após a Revelação[5] de Deus a seu povo, encontramos outra perspectiva de compreensão acerca da sexualidade, na qual a união entre várias dimensões (amor, paixão, fecundidade e matrimônio) constitui a perfeição de um relacionamento interpessoal edificado sobre o amor que promove a igualdade e a fecundidade.

Tal realidade é percebida de forma explícita nos relatos da criação. No segundo, considerado o mais antigo[6], podemos observar algumas características da relação entre os seres humanos:

> então Iahweh Deus modelou o homem com a argila do solo, insuflou em suas narinas um hálito de vida e o homem se tornou um ser vivente. [...] Iahweh Deus disse: "Não é bom que o homem esteja só. Vou fazer-lhe uma auxiliar que lhe corresponda". [...] Então Iahweh Deus fez cair um torpor sobre o homem, e ele dormiu. Tomou uma de suas costelas e fez crescer carne em seu lugar. Depois, da costela que tirara do homem, Iahweh Deus modelou uma mulher, e a trouxe ao homem. Então o homem exclamou: "Esta sim é osso de meus ossos e carne de minha carne! Ela será chamada 'mulher' porque foi tirada do homem!" Por isso um homem deixa seu pai e sua mãe, se une à sua mulher, e eles se tornam uma só carne. (Gn, 2,7.18.21-24)

A primeira característica apresentada é o **enfoque relacional do ser humano**, que aparece em três momentos: (1) na relação entre Criador e criatura; (2) na relação entre a criatura e os demais seres criados; e (3) na necessidade da interface com outro eu, com outro humano.

---

5 É o processo pelo qual Deus faz conhecer a si mesmo e o mistério de sua vontade. Para os cristãos católicos, essa revelação se efetiva, pois Deus, "na riqueza do seu amor fala aos homens como amigos [...] e convive com eles [...], para os convidar e admitir à comunhão com Ele" (DV, n. 2). O processo da Revelação se dá na história e "por meio de ações e palavras, intrinsicamente relacionadas entre si e esclarecendo-se mutuamente. Comporta uma particular 'pedagogia divina': Deus comunica-Se gradualmente com o homem, prepara-o, por etapas, para receber a Revelação sobrenatural que faz de Si próprio e que vai culminar na Pessoa e missão do Verbo encarnado, Jesus Cristo" (CIC, n. 53).

6 Os dois relatos da criação têm origens diversas e sua ordem na Sagrada Escritura não indica sua cronologia. O primeiro relato de tradição sacerdotal surgiu no período do exílio da Babilônia. O segundo relato é anterior a este; tem origem na época do reinado de Salomão. Ambos procuram apresentar de modos diversos um modelo do ser humano (Storniolo; Balancin, 1991).

Essa **dimensão da alteridade** é demonstrada na passagem, de forma categórica, quando o Criador resolve criar, com base no próprio humano, outro eu para com ele conviver. Um segundo aspecto a ser enfatizado é a questão da igualdade de relação entre os seres humanos. Ao se pontuar no texto que eles são constituídos da mesma matéria: "osso de meus ossos e carne de minha carne", o autor do Gênesis esclarece que não há relação de superioridade ou mesmo hierarquia na relação conjugal, mas que eles são iguais ao ponto de se identificarem em um único ser. Por fim, essa identificação entre homem e mulher se fundamenta em uma unidade ontológica[7] fundamental: serão "uma só carne". Tal perspectiva é compreendida como o ponto de integração da vivência da sexualidade.

No primeiro relato da criação, essa dimensão de integração e igualdade entre homem e mulher também estão presentes. Entretanto, dois novos enfoques surgem:

> Deus disse: "Façamos o homem à nossa imagem, como nossa semelhança, e que eles dominem sobre os peixes do mar, as aves dos céus, os animais domésticos e todas as feras e todos os répteis que se arrastem sobre a terra". Deus criou o homem à sua imagem; à imagem de Deus ele o criou, homem e mulher ele os criou. Deus os abençoou e lhes disse: "Sede fecundos, multiplicai-vos, enchei a terra e submetei-a; dominai sobre os peixes do mar, as aves do céu e todos os animais que rastejam sobre a terra". (Gn 1,26-28)

A questão da fecundidade aparece de duas formas: como bênção e como mandamento. Nesse sentido, a sexualidade passa a ser concebida também pelo prisma da **procriação**. Outra dimensão é que a vivência da sexualidade se constitui um reflexo da própria imagem e semelhança com o Criador à qual homem e mulher foram criados e chamados a viver em conjugalidade. Nessa ótica, a sexualidade não tem apenas uma

---

7 A ontologia se dedica ao estudo das características fundamentais do ser, ou seja, das determinações necessárias das quais não pode prescindir, tendo em vista que definem sua natureza.

dimensão biológica e social (relacional), mas também espiritual, tendo em vista que é parte constitutiva da relação com Deus (PH, n. 1).

Entretanto, por meio da experiência do pecado, percebemos, nas narrativas do Antigo Testamento, um processo de cisão entre essa visão da sexualidade e daquilo que efetivamente é apresentado como prática. Tal cenário pode ser identificado na seguinte passagem: "Então abriram-se os olhos dos dois e perceberam que estavam nus, entrelaçaram folhas de figueira e se cingiram" (Gn 3,7). O reconhecimento da condição de ausência de vestimenta demonstra que, por meio da transgressão ao mandamento de Deus, o homem e a mulher têm como consequência imediata a perda do pudor. A ausência de vergonha pela condição de nudismo descrita anteriormente (Gn 2,25) já não é uma realidade, tendo em vista o distanciamento de Deus.

Outra característica que perde seu sentido é a de **igualdade**. Em diversas passagens a sexualidade, permeada pela condição de pecado, é apresentada como fruto ou fonte de dominação e concupiscência.

A dominação geralmente é assim retratada: o ser masculino se sobrepõe à vontade feminina. Alguns exemplos são as passagens que narram o episódio de Sara no Egito com o Faraó (Gn 12,11-20) e com Abimelec (Gn 20,1-3), como também no trecho que narra a história de Diná, filha de Jacó que foi violentada (Gn 34,1-2).

No que tange à concupiscência, um dos acontecimentos clássicos que ilustram tal consequência da relação entre sexualidade e pecado é o de Sodoma e Gomorra. O texto bíblico não narra com riqueza de detalhes o comportamento específico dos habitantes dessas cidades, mas indica – principalmente por meio do diálogo entre Abraão e Deus (Gn 18,20-22) – que este desgostava ao Senhor. Apenas quando consideramos a passagem que narra a visita dos dois anjos a Ló podemos inferir uma das práticas sexuais realizadas: a homossexualidade (Gn 19,4-11; Jd 1,6-8).

Nessa perspectiva, podemos afirmar que, tendo em vista a lógica do pecado, a sexualidade comunica, nas narrativas do Antigo Testamento, o drama do afastamento de Deus (Zuccaro, 2004). Ao mesmo tempo, na literatura profética, em muitos momentos essa temática é utilizada para explicar a Aliança[8] de Deus com seu povo. Duas referências, em específico, apresentam um contexto amplo e interessante de ser analisado. A primeira é a que consta em Isaías:

> Entoa alegre canto, ó estéril, que não deste à luz, ergue gritos de alegria, exulta, tu que não sentiste as dores do parto, porque mais numerosos são os filhos da abandonada do que os filhos da esposa, diz Iahweh. Alarga o espaço da tua tenda, estende as cortinas das tuas moradas, não te detenhas, alonga as cordas, reforça as estacas, pois transbordarás para a direita e para a esquerda, a tua descendência se apoderará de outras terras e reprovará cidades abandonadas. Não temas, porque não tornarás a envergonhar-te; não te sintas humilhada, porque não serás confundida. Com efeito, esquecerás a condição vergonhosa da tua mocidade, não tornarás a lembrar o opróbio da tua viuvez, porque teu esposo será teu criador, Iahweh dos Exércitos é o seu nome. O Santo de Israel é teu redentor. Ele se chama o Deus de toda a terra. Como a uma esposa abandonada e acabrunhada, Iahweh te chamou; como à mulher da sua mocidade, que teria sido repulsada, diz teu Deus. Por um pouco de tempo te abandonei, mas agora com grande compaixão, te unirei a mim. Em momento de cólera escondi de ti o rosto, mas logo me compadeci de ti, levado por amor eterno, diz Iahweh, teu redentor. (Is 54,1-8)

Essa passagem está inserida no contexto das profecias de restauração em relação ao cativeiro da Babilônia. Vários elementos concernentes à sexualidade são utilizados de forma analógica nesse trecho (esterilidade,

---

8 "Na Bíblia e na teologia cristã é um conceito central que designa a relação entre Deus e seu povo por analogia com as relações privilegiadas que os homens estabelecem entre si por contrato" (Lacoste, 2004, p. 89).

matrimônio, filiação, concupiscência, viuvez), com o objetivo de descrever os sofrimentos passados e a eminência da restauração de Israel. Isso acontece por meio da utilização de imagens, como da esposa estéril que se torna fecunda, e da esposa repudiada que é chamada de volta a sua casa. Mas, em especial, Deus se apresenta como o esposo, como aquele que acolhe novamente sua esposa, seu povo.

No livro do profeta Oseias, a sexualidade também é abordada no contexto da Aliança, mas com uma peculiaridade: a vida do profeta e seu relacionamento esponsal são analogamente referenciados à dinâmica relacional de Deus com seu povo.

Depois de desposar uma prostituta e com ela ter uma vida conjugal permeada de percalços (Os 1,2), o profeta é abandonado por ela, que retoma sua vida de adultério (Os 2,4). Perdendo totalmente sua dignidade, ela acaba se tornando objeto de comércio (Os 3,2). Contudo o profeta, impelido por Deus, vai a seu encontro e a resgata de tal condição, tomando-a novamente como esposa (Os 3,1).

Da mesma forma é o relacionamento de Deus com Israel: Ele estabelece uma Aliança com um povo que posteriormente a transgride, violando os mandamentos e adorando (se prostituindo) a divindades pagãs. Nesse contexto se perde a vinculação com o Senhor e, consequentemente, a dignidade de povo. Mas, em sua bondade, Deus se apresenta como Salvador e Redentor daqueles que a ele acorrerem (Os 14,1-9).

Na literatura sapiencial, principalmente no livro de Provérbios e no Eclesiástico (também chamado *Sirácida* ou *Ben Sira*), encontramos forte **insistência na dimensão moralizadora da sexualidade.** Em diversas passagens salienta-se que a relação entre os esposos deve estar pautada na retidão e na vivência dos bons costumes (Eclo 7,21; 26,1; Pr 31,10). No Livro do Cântico dos Cânticos, é possível encontrar a expressão da sexualidade traduzida em um aspecto profundamente religioso. Usando um gênero poético, o autor procura expressar, em todo o livro, o desejo e a esperança da vinda do descendente de Davi (Ct 1,4), o Cristo: "Eu dormia, mas meu coração velava e ouvi o meu amado que batia [...]" (Ct 5,2).

Na expectativa do advento do Messias, os princípios para a vivência da sexualidade são pautados principalmente na noção de fidelidade, igualdade e fecundidade.

1.1.2 Sexualidade no contexto do Novo Testamento

Nos livros do Novo Testamento, a temática da sexualidade deve ser entendida com base na manifestação do amor de Deus em Jesus e em sua missão salvífica (Zuccaro, 2004). Por meio da encarnação é plenificada a Revelação divina, e com esta é consumada de forma definitiva a Aliança com o ser humano – uma nova e eterna aliança. A expressão desta pode ser verificada nos atos e na pregação de Cristo, que contém em si o aspecto profundo da experiência da misericórdia, do amor gratuito de Deus.

Nas narrações da atividade pública de Jesus nos deparamos diversas vezes com situações em que a sexualidade é abordada de forma diretiva. Uma dessas ocorrências está no Evangelho de Mateus, capítulo 5, no discurso decorrente das bem-aventuranças, quando é apresentada uma forma diferenciada de interpretação de uma série de mandamentos e preceitos. Entre os vários temas abordados, encontramos o adultério e o divórcio. No que tange ao primeiro, é intensificada a vivência do mandamento não o relacionando somente à prática ou consumação do adultério pelo ato sexual, mas incorporando nesse contexto o desejo libidinoso (Mt 5,27-30). O preceito relativo ao divórcio, por sua vez, é condenado por Cristo e sua prática (exceto em condições de união ilegítima) insere os cônjuges em uma situação de adultério (Mt 5,31-32).

No conjunto das discussões sobre o divórcio, é importante citar ainda o episódio do capítulo 19 do Evangelho de Mateus, no qual Jesus é questionado pelos fariseus sobre a licitude dessa prática. Nessa passagem, Jesus se posiciona de forma contrária ao divórcio e fundamenta sua argumentação no contexto da criação, em que homem e mulher se tornariam uma só carne (Gn 2,24). Ele é inquirido pelos discípulos, com a afirmação: "Se é assim a condição do homem em relação à mulher, não vale a pena casar-se!" (Mt 19,10). Com base nessa conjuntura, surge uma questão considerada novidade a respeito da vivência da sexualidade: a **virgindade**, entendida como forma de vida proeminente ou ainda consagrada.

Importante!

No Antigo Testamento, há alguns relatos que incluem a vivência da virgindade como expressão da sexualidade. Dentre estes, alguns a apresentam de forma negativa, como a experiência dos eunucos que eram excluídos do ofício sacerdotal (Lv 21,20) e da composição da assembleia de Deus (Dt 23,2). Outros, por sua vez, a apresentam de forma positiva, como na passagem de Isaías, que narra a promessa de Deus aos eunucos que viverem segundo sua vontade (Is 56,3-5). É ainda salutar citarmos a experiência de Jeremias (Jr 16,2), que foi chamado a viver uma existência virginal tendo em vista sua vocação.

Ao responder à questão apresentada pelos discípulos, Jesus salienta que a vivência da sexualidade não está relacionada apenas à relação homem-mulher, mas também ao cultivo da virgindade, seja esta fruto de uma condição natural (como os eunucos), seja opção pessoal em vista à construção do Reino. É interessante percebermos que, no fim de seu discurso, Jesus salienta: "Quem tiver capacidade de compreender, compreenda" (Mt 19,12). Em outras palavras, tal realidade permanece inserida no mistério de Deus e sua compreensão é fruto de sua graça.

A temática da virgindade é também tratada, embora não de forma direta, nas cartas paulinas. Na epístola endereçada à comunidade de Corinto, Paulo, ao abordar a temática do casamento e da vida conjugal, sem depreciar a segunda, ressalta a virgindade como condição superior: "Quisera que todos os homens fossem como sou" (1Cor 7,7).

Isso acontece tendo em vista, no primeiro momento, a importância dada à disponibilidade apostólica para auxílio na construção do Reino de Deus. Paulo compreendia que o vínculo familiar não possibilitava a plena dedicação às coisas de Deus: "Quem não tem esposa cuida das coisas que são do Senhor e do modo de agradar ao Senhor. Quem tem esposa cuida das coisas do mundo e do modo de agradar à esposa" (1Cor 7,32-33). No segundo momento, a virgindade era exaltada por ser vista como sinal da esperança escatológica (1Cor 7,29) em relação à finitude do mundo (1Cor 7,26).

Entretanto, é importante salientarmos que, apesar de toda essa consideração para com a vida virginal, Paulo destaca que nem todas as pessoas são chamadas à vivê-la (1Cor 7,7). Portanto, ela não é considerada dom universal ou modelo da vida sexual, pois por ela devem optar apenas aquelas pessoas cuja natureza está propensa (1Cor 7,9). Da mesma forma, o apóstolo salienta a necessidade da compreensão madura do mistério que envolve tal estado de vida para que sua adesão seja resultado do pleno exercício da vontade (1Cor 7,36.38).

Ainda versando sobre a vida entre os cônjuges, Paulo retoma dois princípios da vivência da sexualidade presentes no Antigo Testamento: o da **igualdade** e o da **unidade**. Fazendo referência à segunda narração da criação, ele afirma que, independentemente da ordem ou do modo como Deus criou homem e mulher, não há estado de superioridade de um em relação ao outro: "Entretanto, diante do Senhor, a mulher não existe sem o homem e o homem não existe sem a mulher. Pois, se a mulher foi tirada do homem, o homem nasce pela mulher, e tudo vem de Deus" (1Cor 11,11-12).

Com base nesse fundamento, o apóstolo aborda, em suas diversas cartas, o tema do **comportamento moral** em relação à sexualidade. É importante salientar a preocupação presente nelas em relação à retidão nas ações: "'Tudo me é permitido', mas nem tudo convém. 'Tudo me é permitido', mas não me deixarei escravizar por coisa alguma" (1Cor 6,12). Dentre os comportamentos relacionados à vida sexual, três em especial são profundamente condenados: fornicação, adultério e homossexualidade.

No que tange ao primeiro, tendo em vista o princípio de unidade, segundo o qual duas pessoas, ao estabelecerem um vínculo, tornam-se uma só carne, Paulo salienta que a prática da fornicação é um pecado contra o próprio corpo – entendido como Templo do Espírito Santo e propriedade de Cristo. Assim, o corpo e as relações estabelecidas por meio dele devem ser meio de glorificação, e não de profanação (1Cor 13-20).

Compreendido nessa mesma perspectiva, o adultério é apresentado como uma prática abominável, motivo de condenação tanto para o homem quanto para a mulher. Essa condenação consiste no impedimento em participar da herança dos filhos de Deus, que é Seu Reino (1Cor 6,9).

Por fim, Paulo aborda a questão da homossexualidade, considerada por ele um comportamento contrário à natureza humana. Homem e mulher foram criados para se relacionar entre si, e não com outros do mesmo sexo. Tal atitude, que feriria diretamente a essência humana, é tida pelo apóstolo como uma aberração (Rm 1,26-27).

Por meio dessa preocupação com o comportamento no âmbito da sexualidade, percebemos que há uma complementariedade teórica no contexto da Sagrada Escritura – que é um dos fundamentos para as orientações do magistério da Igreja – acerca da forma como a pessoa deve desenvolver sua vida sexual. Tendo como princípios a questão da igualdade e da unidade presentes no relacionamento homem-mulher, salienta-se que ambos foram criados em sua natureza para a relação e mútua doação baseada no amor. Essa doação não se expressa apenas com base no contexto do Novo Testamento, em uma relação conjugal, mas também pela experiência da virgindade, expressão da oferta da vida por amor a Cristo e ao Reino.

1.2 Magistério da Igreja e orientações sobre a sexualidade

A preocupação sobre a vivência de uma sexualidade que tivesse como princípio a natureza humana criada por Deus e o amor mútuo sempre permeou as reflexões do magistério da Igreja. Este, com base na Sagrada Escritura e na Sagrada Tradição[9], que derivam da mesma fonte divina das quais haurem a verdade da fé (DV[10], n. 9), desenvolve a doutrina sobre a vida sexual. É importante salientar que no último século a Igreja, principalmente a partir do Concílio Vaticano II, vem estruturando sua doutrina com base num olhar às realidades e necessidades dos tempos, sobretudo enfatizando a importância da educação sexual (Zuccaro, 2004).

---

9 A Sagrada Tradição é compreendida como o depósito da fé, que nos foi transmitido desde os apóstolos e "abrange tudo quanto contribui para a vida santa do Povo de Deus e para o aumento da sua fé; e assim a Igreja, na sua doutrina, vida e culto, perpetua e transmite a todas as gerações tudo aquilo que ela é e tudo quanto acredita" (DV, n. 8).
10 DV – Constituição dogmática *Dei Verbum*. Disponível em: <http://www.vatican.va/archive/hist_councils/ii_vatican_council/documents/vat-ii_const_19651118_dei-verbum_po.html>. Acesso em: 22 jan. 2018.

Em especial, três documentos abordam de forma específica a sexualidade: a declaração *Persona Humana* (1975), as *Orientações educativas sobre o amor humano* (1983) e *Sexualidade Humana: verdade e significado* (1995). O primeiro foi promulgado no papado de Paulo VI e os demais, no de João Paulo II. Todos abordam questões sobre a natureza da sexualidade, o fundamento moral que se opõe à corrupção dos costumes e à prática do hedonismo e questões relacionadas à educação para a vida sexual.

1.2.1 Declaração *Persona Humana*: sobre alguns pontos da ética sexual

A declaração *Persona Humana* tem por objetivo esclarecer qual é a posição da Igreja em relação à ética sexual. Demasiadamente preocupada com a corrupção dos costumes e com o hedonismo silencioso que permeia a mentalidade da sociedade hodierna (PH, n. 1), a Igreja apresenta os fundamentos que balizam sua concepção acerca da vivência da sexualidade.

Tendo como princípio a ideia de que a pessoa é profundamente afetada pela sexualidade, esta deve ser considerada um dos fatores que definem os traços principais que a identificam. É por meio do sexo que se recebem as características no plano biológico, psicológico e espiritual que possibilitam a distinção de cada ser humano (PH, n. 1). Considerando-se essa concepção, a Igreja reforça que as mudanças culturais e os valores propostos como resultado não podem ser utilizados como pressuposto para se pensar o comportamento humano e a sexualidade (PH, n. 5). Estes estão diretamente relacionados à natureza humana, na qual encontram parâmetro com base na lei inscrita por Deus, desde a criação, no interior da pessoa.

> **Importante!**
>
> Em matéria moral, porém, o homem não pode emitir juízos de valor segundo o seu alvedrio pessoal: "no fundo da própria consciência, o homem descobre efectivamente uma lei que ele não se impôs a si mesmo, mas à qual deve obedecer... O homem tem no coração uma lei inscrita pelo próprio Deus; a sua dignidade está em obedecer-lhe, e por ela é que será julgado" (PH, n. 3).

Assim, a dignidade própria do homem e da mulher somente é promovida graças ao respeito à ordem essencial de sua natureza, que em relação à sexualidade deve ser determinada por "critérios que respeitem, num contexto de autêntico amor, o sentido da mútua doação e da procriação humana" (PH, n. 5).

Estabelecendo a **castidade**[11] como eixo central de sua argumentação, o documento versa sobre os diversos abusos no âmbito da sexualidade em nosso tempo. Dentre eles, citamos: as relações pré-matrimoniais (PH, n. 7); as relações homossexuais (PH, n. 8); o autoerotismo (PH, n. 9); e o adultério (PH, n. 11) – todos considerados pecados graves. Estes devem ser evitados por meio da prática da caridade, da justiça e da castidade, que conduzem o ser humano à virtude.

> No ministério pastoral deverá ser tomado em consideração, para se formar um juízo adequado nos casos concretos, o comportamento habitual das pessoas na sua totalidade, não apenas quanto à prática da caridade e da justiça, mas também quanto à preocupação por observar o preceito particular da castidade. Deverá aquilatar-se, nomeadamente, se se adoptam os meios necessários, [...] para conseguir o domínio das paixões e fazer progredir na virtude. (PH, n. 9)

---

[11] A castidade deve ser entendida como uma virtude moral, fruto da graça de Deus, que possibilita ao humano o dom de buscar imitar a pureza de Cristo (CIC, n. 2.345). No campo da sexualidade, a castidade gera a integração necessária para uma vivência equilibrada das pulsões sexuais, por meio da unidade entre o ser corporal e o espiritual.

Nesse sentido, o documento ressalta a função educadora da Igreja, da família e da sociedade no âmbito da sexualidade. A comunidade eclesial deve assegurar uma formação específica para o clero, tendo em vista a necessidade de se manter a fidelidade à doutrina no processo de formação na fé. No que tange à função dos pais e educadores, destaca a necessidade de estes se esforçarem para "conduzir os seus filhos e os seus educandos à maturidade psicológica, afetiva e moral, em conformidade com a sua idade, por meio de uma educação integral". (PH, n. 13). Às demais instâncias formadoras da sociedade, principalmente àquelas que controlam os meios de comunicação em massa, solicitam que sejam conscientes da influência que exercem sobre as pessoas e que respeitem a ordem moral (PH, n. 13).

1.2.2 *Orientações educativas sobre o amor humano*: linhas gerais para a educação sexual

Esse documento, promulgado pela Sagrada Congregação para a Educação Católica em 1983, objetiva "examinar o aspecto pedagógico da educação sexual e indicar algumas orientações para a educação integral do cristão, segundo a vocação de cada um" (OE[12], n. 1). Dessa forma, considerando a sexualidade um elemento essencial do desenvolvimento da personalidade, não impactando somente o aspecto físico, mas também o psicológico e o espiritual, ela deve ser entendida como parte integrante do processo educativo (OE, n. 5)

---

12 *OE – Orientações educativas sobre o amor humano.* Disponível em: <http://www.vatican.va/roman_curia/congregations/ccatheduc/documents/rc_con_ccatheduc_doc_19831101_sexual-education_po.html>. Acesso em: 22 jan. 2018.

Reconhecendo os desafios e a complexidade que permeiam a educação sexual (OE, n. 10-11), salienta-se que esta, devidamente adequada às exigências pessoais, é um direito da pessoa (OE, n. 14). Deve ser desenvolvida de maneira gradual, com respeito às faixas etárias e "orientada positivamente para a formação global da pessoa" (OE, n. 15) e para a vivência da castidade.

Aprofundando...

A fim de que o valor da sexualidade alcance sua plena realização, "é de todo indispensável a educação para a castidade [...] que torna a pessoa capaz de respeitar e promover o significado esponsal do corpo". Essa educação consiste no domínio de si, na capacidade de orientar o instinto sexual ao serviço do amor e de integrá-lo no desenvolvimento da pessoa. Fruto da graça de Deus e da nossa colaboração, a castidade leva a integrar harmonicamente as diferentes componentes da pessoa, e a superar a fraqueza da natureza humana, marcada pelo pecado para que cada um possa seguir a vocação a que Deus o chama. (OE, n. 18)

Esse processo educativo deve ser realizado, em primeiro lugar, no âmbito familiar, mas não devemos esquecer da importância da atuação da escola como instituição. Esta deve atuar em harmonia com a educação desenvolvida pelos pais, para que o desenvolvimento da sexualidade aconteça de forma integrada (OE, n. 17,21). O objetivo geral dessa proposta é propiciar "um conhecimento adequado da natureza e da importância da sexualidade e do desenvolvimento harmónico e integral da pessoa em ordem ao seu amadurecimento psicológico tendo em vista a plena maturidade espiritual, para a qual todos os crentes são chamados" (OE, n. 34).

À família e à escola associam-se as instâncias eclesiais e sociais, que também têm papel importante no processo de educação sexual. No que tange à comunidade eclesial, esta deve ser um espaço no qual se tenha um testemunho sobre a vivência da sexualidade e no qual, por meio das diferentes instâncias pastorais, esta possa ser desenvolvida (OE, n. 53-55). A sociedade civil, por sua vez, deve garantir o bem comum, defendendo os cidadãos das injustiças que advêm das desordens sexuais, que ferem a dignidade humana (OE, n. 64).

Por fim, o documento estabelece as condições e os modelos de formação sexual. Nesse âmbito, salientamos a visão do documento acerca do papel do educador. Nele fica expresso que a maturidade e o equilíbrio psíquico do educador influenciam de forma direta a vida dos educandos. Transmitir conhecimentos psicopedagógicos é fundamental, mas aqueles que se tornam responsáveis pela formação da dimensão da sexualidade devem ter um perfil que agregue os conhecimentos teóricos a uma estrutura afetiva amadurecida (OE, n. 79-80).

1.2.3 *Sexualidade humana: verdade e significado* – orientações educativas em família

Promulgado em 1995 pelo Conselho Pontifício para a Família, o documento *Sexualidade humana: verdade e significado* objetiva dar orientações educativas para as famílias, tendo em vista as dificuldades percebidas no campo da educação sexual. O Conselho pretende que o documento seja um "subsídio com o conteúdo fundamental relativo à verdade e ao significado fundamental do sexo" (SH[13], n. 2). Para tanto, sustenta nas seguintes ideias:

> O amor, que se alimenta e se exprime no encontro do homem e da mulher, é dom de Deus; é, por isso, força positiva, orientada à sua

---

[13] SH – *Sexualidade Humana: verdade e significado*. Disponível em: <http://www.vatican.va/roman_curia/pontifical_councils/family/documents/rc_pc_family_doc_08121995_human-sexuality_po.html>. Acesso em: 23 jan. 2018.

maturação enquanto pessoas; é também uma preciosa reserva para o dom de si que todos, homens e mulheres, são chamados a realizar para a sua própria realização e felicidade, num plano de vida que representa a vocação de todos. O ser humano, com efeito, é chamado ao amor como espírito encarnado, isto é, alma e corpo na unidade da pessoa. O amor humano abarca também o corpo e o corpo exprime também o amor espiritual.1 A sexualidade, portanto, não é qualquer coisa de puramente biológico, mas refere-se antes ao núcleo íntimo da pessoa. O uso da sexualidade como doação física tem a sua verdade e atinge o seu pleno significado quando é expressão da doação pessoal do homem e da mulher até à morte. Este amor está exposto, assim como toda a vida da pessoa, à fragilidade devida ao pecado original e ressente-se, em muitos contextos socioculturais, de condicionamentos negativos e, às vezes, desviantes e traumáticos. A redenção do Senhor, contudo, tornou uma realidade possível, e um motivo de alegria, a prática positiva da castidade, tanto para aqueles que têm vocação matrimonial – seja antes, durante a preparação, seja depois, no decurso da vida conjugal – como também para aqueles que têm o dom de um chamamento especial à vida consagrada. (SH, n. 3)

Com base nesses princípios, percebemos que o "ser humano, enquanto imagem de Deus, é criado para amar" (SH, n. 8). Compreendendo esse amor como descendente do amor que o próprio Deus dedica a cada pessoa e que foi revelado por intermédio de Jesus, ele tem como essência o respeito e a edificação do outro (SH, n. 9).

Esse vínculo é vivenciado com base no gênero; assim, feminilidade e masculinidade são considerados pelo documento como dons que se integram na expressão e na vivência da sexualidade. Nessa mesma perspectiva, o Conselho expressa que a vida conjugal sempre deve estar aberta à geração e à fecundidade (SH, n. 10-11).

É ressaltada no documento a responsabilidade dos pais no processo de educação para a sexualidade de seus filhos (SH, n. 37). Os pais são também considerados exemplos para os filhos por meio de seu testemunho de vida conjugal, a partir do qual também se desenvolvem processos educativos. O casal é também chamado, pelo contexto de vivência familiar, a proporcionar um ambiente capaz de despertar e de cultivar as vocações tendo em vista todos os estados de vida (SH, n. 26-33).

Em suma, esses três documentos que aqui foram tratados – declaração *Persona Humana, Orientações educativas sobre o amor humano* e *Sexualidade humana: verdade e significado* – apresentam a sexualidade como uma das dimensões que afetam fortemente o ser humano, sendo ela uma das responsáveis pela doação da vida e distinção entre as pessoas. Eles ressaltam ainda a importância de a sexualidade estar orientada, elevada e integrada pelo amor, o qual descende do próprio Deus. Além disso, os referidos textos pontuam a importância da vivência sexual com base na castidade e nos valores cristãos, que têm na família sua primeira referência. Esta também é apontada como a primeira responsável pelo processo de educação sexual, sendo amparada pela escola, pelas instâncias eclesiais e pela sociedade. Os documentos salientam que é por meio do contexto familiar que a vocação pessoal é e deve ser despertada e cultivada, independentemente do estado de vida a qual esteja relacionada, principalmente porque as diferentes vocações pressupõem formas diversas de vivência da sexualidade.

1.3 Sexualidade e vocação

Como explicitamos na seção anterior, a vivência da sexualidade está diretamente relacionada à dimensão vocacional. Entretanto, a vocação pode ser compreendida com base em diversos aspectos e inúmeras interpretações. Nesta obra, adotamos uma perspectiva teológica de análise na qual a vocação não é entendida como algo criado pelo ser humano ou, ainda, uma aptidão ou inclinação natural para determinada tarefa, mas como um chamamento de Deus a todos e a cada um.

Segundo Oliveira (1999, p. 21),

> toda pessoa humana 'tem um chamamento superior dAquele que o criou e chamou à existência. Desde a eternidade, Deus fez seu plano divino sobre todas as criaturas. A vocação de toda criatura, principalmente a do homem, consiste em realizar o plano de Deus delineado por aqueles dons que o Criador depositou nele.

Pela vida no Espírito realizamos nossa vocação, acima de tudo, expressa de forma fundamental e originária no amor (CIC[14], n. 2.392), que se manifesta em diversas formas e estados de vida.

No âmbito da sexualidade, esse amor deve se manifestar em uma vida casta, na qual há a integração entre as dimensões corporal e espiritual do ser humano. Isso se exterioriza na vivência da doação mútua e ilimitada. "A pessoa casta mantém a integridade das forças de vida e de amor em si depositadas" (CIC, n. 2.338). Por sua integração no espírito, a sexualidade recebe seu estatuto humano e participa na comunicação significativa do espírito com outras pessoas de corpo e alma (Snoek, 1982).

Assim sendo, a **castidade**, uma virtude moral, fruto da graça de Deus, contém em si a necessidade do aprendizado do domínio próprio, que se circunscreve na perspectiva da **temperança**. Esta "modera a atracção pelos prazeres e proporciona o equilíbrio no uso dos bens criados. Assegura o domínio da vontade sobre os instintos e mantém os desejos dentro dos limites da honestidade" (CIC, n. 1.809).

A vivência da castidade, portanto, não está relacionada a determinada forma ou estado de vida; todos somos chamados a vivê-la. Como afirma a declaração *Persona Humana*:

---

14 CIC – *Catecismo da Igreja Católica*. Disponível em: <http://www.vatican.va/archive/cathechism_po/index_new/prima-pagina-cic_po.html>. Acesso em: 23 jan. 2018.

> A castidade há de distinguir as pessoas segundo os diferentes estados de vida: umas na virgindade ou no celibato consagrado, maneira eminente de se dedicar mais facilmente só a Deus, com um coração não dividido; outras, da maneira que determina para elas a lei moral, conforme forem casados ou celibatários. (PH, n. 11)

Há diferentes formas de vocação, mas todas podem ser enquadradas em duas classes amplas: (1) **conjugal**, que expressa a vocação dos esposos para a vida matrimonial; e (2) **celibatária**, que contempla em si o chamado à vida sacerdotal, religiosa, consagrada, e a algumas expressões de vida laical (SH, n. 26).

1.3.1 Sexualidade e vocação conjugal

A **vocação conjugal** está inscrita na natureza humana. Deus, ao criar homem e mulher, os fez para a convivência e para a fecundidade: "Deus criou o homem à sua imagem [...] Deus os abençoou e lhes disse: 'Sede fecundos, multiplicai-vos, enchei a terra e submetei-a'" (Gn 1,27-28). Assim sendo, a vida conjugal, pela qual o matrimônio tem sua existência, é também uma instituição divina, na qual a concepção do humano como imagem e semelhança de Deus pressupõe a vivência do amor (CIC, n. 1.604).

Esse amor compreende e ao mesmo tempo supera a dimensão da amizade, pois se fundamenta no pacto conjugal e na comunhão de pessoas.

> A este amor conjugal, e somente a este, pertence a doação sexual, que se "realiza de maneira verdadeiramente humana, somente se é parte integral do amor com o qual homem e mulher se empenham totalmente um para com o outro até à morte". [...] "No matrimônio a intimidade corporal dos esposos torna-se sinal e penhor de comunhão espiritual. Entre os baptizados, os laços do matrimônio são santificados pelo sacramento". (SH, n. 14)

Na vocação conjugal, a sexualidade não é vivenciada apenas em sua dimensão biológica, mas também em sua dimensão sacramental, como expressão do amor mútuo que dela advém e que revela a comunhão espiritual. Essa é a expressão de uma vida casta, que favorece aos esposos "a mútua entrega pela qual se enriquecem um ao outro na alegria e gratidão" (GS[15], n. 49). Eles devem ter consciência de que o amor dedicado um ao outro tem como fundamento o amor de Deus. Nesse sentido, devem ter consciência de que "também a sua doação sexual deverá ser vivida no respeito de Deus e do Seu desígnio de amor, com fidelidade, honra e generosidade para com o cônjuge e para com a vida que pode surgir do seu gesto de amor" (SH, n. 20). Desse modo, o amor conjugal atinge a perfeição para a qual está ordenado: a caridade. Nesta e por esta são chamados a participar da vida de Cristo, que se doa por amor da humanidade (FC[16], n. 13).

Assim, a sexualidade somente é vivida de forma humana quando esta é parte do amor entre homem e mulher. Essa totalidade pedida ao amor conjugal tem correspondência com as exigências de uma fecundidade responsável, que, tendo em vista a geração humana, extrapola a dimensão meramente biológica, mas inclui em si os valores dos cônjuges que são essenciais para o desenvolvimento harmonioso da pessoa humana (FC, n. 11).

A carta encíclica *Humanae Vitae* (HV)[17] reafirma esses aspectos da vivência da conjugalidade, afirmando ter o amor que a pressupõe quatro características básicas: ele é humano, total, fiel e fecundo. Acompanhe um trecho dessa carta:

---

15 GS – Constituição pastoral *Gaudium et Spes*. Disponível em: <http://www.vatican.va/archive/hist_councils/ii_vatican_council/documents/vat-ii_const_19651207_gaudium-etspes_po.html>. Acesso em: 23 jan. 2018.

16 FC – Exortação apostólica de João Paulo II *Familiaris Consortio*. Disponível em: <http://w2.vatican.va/content/john-paul-ii/pt/apost_exhortations/documents/hf_jp-ii_exh_19811122_familiaris-consortio.html>. Acesso em: 6 fev. 2018.

17 HV – Carta encíclica de Papa Paulo VI *Humanal Vitae*. Disponível em: <http://w2.vatican.va/content/paul-vi/pt/encyclicals/documents/hf_p-vi_enc_25071968_humanae-vitae.html>. Acesso em: 23 jan. 2018.

Aprofundando...

É, antes de mais, um amor plenamente **humano**, quer dizer, ao mesmo tempo espiritual e sensível. Não é, portanto, um simples ímpeto do instinto ou do sentimento; mas é também, e principalmente, ato da vontade livre, destinado a manter-se e a crescer, mediante as alegrias e as dores da vida cotidiana, de tal modo que os esposos se tornem um só coração e uma só alma e alcancem juntos a sua perfeição humana.

É depois, um amor **total**, quer dizer, uma forma muito especial de amizade pessoal, em que os esposos generosamente compartilham todas as coisas, sem reservas indevidas e sem cálculos egoístas. Quem ama verdadeiramente o próprio consorte, não o ama somente por aquilo que dele recebe, mas por ele mesmo, por poder enriquecê-lo com o dom de si próprio.

É, ainda, amor **fiel e exclusivo**, até à morte. Assim o concebem, efetivamente, o esposo e a esposa no dia em que assumem, livremente e com plena consciência, o compromisso do vínculo matrimonial. Fidelidade que por vezes pode ser difícil; mas que é sempre nobre e meritória, ninguém o pode negar. O exemplo de tantos esposos, através dos séculos, demonstra não só que ela é consentânea com a natureza do matrimônio, mas que é dela, como de fonte, que flui uma felicidade íntima e duradoura.

É, finalmente, amor **fecundo** que não se esgota na comunhão entre os cônjuges, mas que está destinado a continuar-se, suscitando novas vidas. "O matrimônio e o amor conjugal estão por si mesmos ordenados para a procriação e educação dos filhos. Sem dúvida, os filhos são o dom mais excelente do matrimônio e contribuem grandemente para o bem dos pais". (HV, n. 9, grifo do original)

Assim, a sexualidade na vocação conjugal é vivenciada por meio de uma lógica sacramental, na qual o amor mútuo, fruto do amor de Deus, fundamenta a relação. Esta deve ser concebida com base nas diversas dimensões da vida (não apenas a biológica), tendo como princípio o compromisso mútuo entre os esposos e o vínculo de fidelidade. Por fim, deve pautar-se na função cocriadora da existência, atrelada à fecundidade que expressa o amor conjugal, bem como à geração e o cuidado de novas vidas.

1.3.2 Sexualidade e vocação ao celibato

O **celibato** é a forma ou o estado de vida na qual a pessoa opta pela virgindade ou pela continência perpétua da prática sexual. Não se trata apenas de uma preferência de vida ou de uma incapacidade física (no caso dos eunucos). Trata-se de uma condição própria de algumas vocações, em especial: a sacerdotal, a religiosa consagrada e algumas expressões laicais. Tendo em vista um ideal superior e "fundamentados no mistério de Cristo e de sua missão", as pessoas chamadas a essas vocações cultivam, por meio da castidade, a **abstinência sexual** (PO[18] 16). Segundo Durand (1989), três são os grandes ideais necessários para sustentar a vida celibatária: (1) o cristológico; (2) o eclesiológico, e (3) o escatológico.

O **ideal cristológico** é o mistério da novidade de Cristo e de tudo o que Ele é e significa. Esse mistério torna desejável e digna a escolha da virgindade por parte dos que foram chamados pelo Senhor Jesus (CESC[19], n. 23). Assim, desvinculando-se dos cuidados de amor humano e familiar, o indivíduo pode consagrar mais tempo ao cultivo espiritual por meio da oração e da meditação da Palavra.

---

18 PO – Decreto *Presbyterorum Ordinis*. Disponível em: <http://www.vatican.va/archive/hist_councils/ii_vatican_council/documents/vat-ii_decree_19651207_presbyterorum-ordinis_po.html>. Acesso em: 23 jan. 2018.

19 CESC – Carta encíclica *Sacerdotalis Caelibatus*. Disponível em: <http://w2.vatican.va/content/paul-vi/pt/encyclicals/documents/hf_p-vi_enc_24061967_sacerdotalis.html>. Acesso em: 23 jan. 2018.

O **ideal eclesiológico**, decorrente do primeiro, refere-se aos casos em que a pessoa é conquistada pelo amor de Jesus a ponto de abandonar tudo por Ele, oferecendo-se integralmente à comunidade eclesial (CESC, n. 26), dedicando-se de coração e com maior disponibilidade de tempo para o serviço a Deus e à Igreja.

Por fim, o **ideal escatológico** antecipa a consumação do Reino de Deus pelo anúncio da plenificação da vivência do **amor ágape**, no qual os celibatários, em especial, são chamados a testemunhar seu amor a Deus e aos irmãos.

Síntese

Neste capítulo, apresentamos a sexualidade sob a perspectiva da Sagrada Escritura, do magistério da Igreja e das várias formas e estados de vida pelos quais ela se expressa.

Assim, explicamos que, apesar de não encontrarmos no Antigo Testamento uma doutrina acerca da sexualidade, o tema é referido em diferentes contextos nele relatados. Na narração da doutrina da criação, por exemplo, encontramos características que permeiam toda a concepção posterior sobre a vivência sexual, como: a importância da interpessoalidade, da igualdade e da unidade entre homem e mulher; a sacralidade dessa relação, mantida à luz da imagem e semelhança de Deus; e a centralidade do mandamento da fecundidade.

Comentamos que no Novo Testamento, tanto nos Evangelhos quanto nas cartas paulinas, a vivência virginal é indicada como modelo de vida sexual, a qual tem como finalidade a construção do Reino e a dedicação da vida a Deus. Também fica evidente o tema da condenação, principalmente por parte da teologia de Paulo, das condutas pecaminosas relativas à sexualidade, ressaltando-se a fornicação, o adultério e a homossexualidade.

Explicamos que tais pressupostos orientam a formação da doutrina do magistério da Igreja, que, em conjunto com a Tradição apostólica, principalmente a partir do século XX, tem demonstrado grande interesse em tratar da temática da sexualidade. Sob esse aspecto, analisamos em especial três documentos: a declaração *Persona Humana*, as *Orientações educativas sobre o amor humano* e *Sexualidade humana: verdade e significado*. Esses três documentos demonstram uma preocupação com a corrupção dos costumes, apresentam os fundamentos de uma doutrina para a sexualidade e ressaltam a importância da educação para a vida sexual.

Por fim, discorremos sobre o modo como, segundo essa perspectiva, a sexualidade deve ser vivenciada em diferentes formas e estados de vida, as quais se enquadram em duas classes: a conjugal e a celibatária. Na primeira, o fundamento da vivência sexual é a comunhão espiritual edificada no amor que se desdobra no amor mútuo. Na segunda, a pessoa fundamentada em Cristo e em sua missão vive o cultivo, por meio da castidade, da abstinência sexual.

Indicação cultural

No *site* que indicamos a seguir, você encontra um artigo sobre o panorama geral da ética cristã acerca da sexualidade. Nesse texto, o autor aborda essa temática sob uma perspectiva bíblica, perpassando pela reflexão própria da tradição teológica medieval e a conduzindo para uma análise com base em documentos mais recentes da Igreja.

ZILLES, U. Visão cristã da sexualidade humana. **Revista Teocomunicação**, Porto Alegre, v. 39, n. 3, p. 336-350, set./dez. 2009. Disponível em: <http://revistaseletronicas.pucrs.br/ojs/index.php/teo/article/download/7693/5476>. Acesso em: 23 jan. 2018.

Atividades de autoavaliação

1. No Antigo Testamento não há uma união conceitual sobre a sexualidade. Mesmo após a Revelação de Deus ao povo de Israel, percebemos que os textos da Sagrada Escritura abordam a questão da sexualidade sob diferentes óticas. Sobre esse assunto, assinale a alternativa que expressa corretamente a abordagem do conjunto de livros do Antigo Testamento sobre a sexualidade.
   a) Os livros históricos apresentam o aspecto moralizador da sexualidade, os proféticos a usam como elemento metafórico para indicar o relacionamento de Deus com seu povo e os livros sapienciais apresentam os princípios com base nos quais se deve desenvolver a vida sexual.
   b) Os livros históricos apresentam os princípios com base nos quais se deve viver a sexualidade, os proféticos a usam como elemento metafórico para indicar o relacionamento de Deus com seu povo e os livros sapienciais demonstram o aspecto moralizador a ela relacionado.
   c) Os livros históricos demonstram a sexualidade como parte da vivência religiosa de Israel, que a incorpora em seus mitos e ritos, os livros proféticos demonstram seu aspecto moralizador e os livros sapienciais a apresentam como pressuposto moral.
   d) Os livros históricos apresentam a sexualidade em forma de denúncia da corrupção e do afastamento de Deus, os proféticos como princípio com base no qual se deve desenvolver a vida sexual e os livros sapienciais como pressuposto moral.

2. No Novo Testamento um aspecto emerge na discussão acerca da sexualidade: a virgindade. Esta é apresentada já nos Evangelhos, em especial no de Mateus, e também nas cartas paulinas. Sobre o tema da virgindade, analise as seguintes afirmações:

I. Nos Evangelhos, a virgindade é abordada sob duas possibilidades: uma natural (fruto de uma predisposição física, como ocorre com os eunucos), e outra por opção pessoal, tendo em vista a construção do Reino de Deus.

II. Nas cartas paulinas, a virgindade é considerada uma condição de vida inferior à daquelas pessoas que vivem a condição matrimonial e ajudam no processo cocriador de Deus.

III. Paulo apresenta a virgindade como uma condição superior, tendo em vista a disponibilidade apostólica para o auxílio na construção do Reino de Deus.

IV. Nos escritos paulinos fica claro que a virgindade não é um dom universal, ou seja, nem todas as pessoas são chamadas a vivê-la, somente aquelas que têm propensão natural para isso.

Assinale a alternativa que apresenta as afirmativas corretas:
a) I, II, III e IV.
b) II e IV.
c) I, III e IV.
d) II, III e IV.

3. Um dos documentos pós-conciliares que abordam especificamente a questão da sexualidade é a declaração *Persona Humana*. Ele procura esclarecer a posição da Igreja com relação à ética sexual. Para isso, estabelece uma fundamentação teológica com base em um eixo central, qual seja:
a) a moral.
b) a virtude.
c) a castidade.
d) o amor.

4. O documento *Orientações educativas sobre o amor humano* tem como um de seus objetivos "indicar algumas orientações para a educação

integral do cristão, segundo a vocação de cada um" (OE, n. 1). Para tanto, estabelece algumas instâncias responsáveis pela educação sexual da pessoa. Quais são elas, respectivamente?
a) Família, escola, comunidade eclesial e sociedade civil.
b) Família, comunidade eclesial e escola.
c) Escola, família e sociedade civil.
d) Família, escola, sociedade civil e comunidade eclesial

5. Nos diferentes estados de vida, a sexualidade apresenta formas e expressões diversas. Na vocação conjugal, por exemplo, ela é vivenciada não apenas na dimensão biológica, mas também por meio do amor mútuo. Na vocação celibatária, tendo em vista o mistério de Cristo, pratica-se a abstinência sexual. Apesar das diferenças entre a vivência sexual nesses dois estados, um aspecto é comum a eles, independentemente da vocação que se assume. Qual é ele?
a) A natureza.
b) A castidade.
c) A espiritualidade.
d) O amor.

Atividades de aprendizagem

Questões para reflexão

1. Segundo o *Catecismo da Igreja Católica*, cada um de nós realiza sua vocação, que é acima de tudo uma forma de amor (CIC, n. 2.392), pela vida no Espírito. Esse amor deve ser expresso em uma vida casta, independentemente do estado de vida no qual estejamos inseridos. Afinal, a castidade é uma virtude moral que contém em si a necessidade do aprendizado do domínio próprio, da temperança. Considerando essa perspectiva, reflita sobre qual é o lugar da castidade na vivência cristã da sexualidade.

2. Uma das grandes preocupações da Igreja no âmbito da sexualidade está relacionada à educação integral para a vida sexual. Com base na leitura da Seção 1.2, destaque os elementos básicos necessários para o desenvolvimento dessa perspectiva educacional.

Atividade aplicada: prática

1. Existem muitas iniciativas positivas que buscam desenvolver uma educação para a sexualidade com base nos princípios cristãos. Pesquise projetos relacionados ao tema e busque conhecê-los mais profundamente. Posteriormente, analise-os tendo em vista os pressupostos apresentados pelos documentos *Persona Humana: sobre alguns pontos de ética sexual*, *Orientações educativas sobre o amor humano* e *Sexualidade humana: verdade e significado*.

2
Sexualidade humana e desordens sexuais[1]

---

[1] Para as citações de documentos eclesiais diversos, usamos aqui siglas para sua identificação, seguidas do número do item correspondente. No tocante aos documentos eclesiais emitidos pelo Concílio Vaticano II, esclarecemos que podem ser consultados acessando-se a página eletrônica Documentos do Concílio Vaticano II, do site oficial La Santa Sede (2018). Para esses e outros documentos, emitidos por diferentes divisões do Vaticano, indicaremos os endereços eletrônicos específicos ao longo do capítulo.

Neste capítulo, apresentaremos a doutrina da Igreja relativa aos comportamentos entendidos como desordens no âmbito da sexualidade por não estarem em conformidade com as concepções eclesiais referentes à antropologia e à moral.

Iniciaremos essa abordagem expondo os princípios da doutrina sobre o ser humano e como esta se relaciona às questões da vida sexual. Posteriormente, analisaremos os fundamentos da doutrina moral sobre a qual a Igreja alicerça seu discurso sobre o comportamento humano e como esta impacta na vivência da sexualidade.

Por fim, explicaremos o posicionamento e as orientações pastorais da Igreja no que toca aos comportamentos de ordem sexual que transgredem os princípios anteriormente apresentados.

2.1 Antropologia da sexualidade

A pergunta a respeito de quem somos como seres humanos sempre esteve presente na história do pensamento e permeia inúmeras áreas do conhecimento. Na Antiguidade Clássica e, posteriormente, na teologia dos Padres da Igreja, havia a compreensão de que somos constituídos por duas realidades de naturezas distintas: corpo e alma. A primeira estava relacionada a uma realidade concreta, passageira e, na maioria das vezes, menosprezada. A segunda – racional, espiritual, abstrata, eterna – era considerada pela maioria dos pensadores como aquela que caracterizava o ser humano como tal (Rahner, 1968a, p. 184).

> **Importante!**
>
> O conceito bíblico de *ser humano* é diverso. No Antigo Testamento, este é tomado sob uma perspectiva terrena. Como afirma Rahner (1968a), o ser humano pertence eternamente e sem divisões a este mundo, no qual deve buscar e encontrar a plenitude de sua existência que é conservada pela força de Deus.

Já no Novo Testamento há uma pluralidade de visões antropológicas. Nos Evangelhos sinóticos, é explicitado que a existência terrena dos seres humanos constitui um caminho para a nova e eterna vida; por isso, deve ser alicerçada na penitência e no desprendimento. Nos escritos paulinos, o apóstolo insiste que, a partir da encarnação de Jesus, somos chamados a não mais viver segundo a carne, mas segundo o espírito e seus dons, que vão nos permitir alcançar a verdadeira vida. As cartas católicas (ou apostólicas) salientam a existência humana inserida na vida comunitária, ressaltando a conduta moral, a disciplina eclesiástica e o serviço à Igreja. Nos escritos joaninos, encontramos uma conexão entre o humano e o mundo, este último é percebido como naturalmente mal. Se vivemos apenas neste mundo e não recebemos a mensagem do Verbo de Deus, permanecemos inseridos na maldade, mas se nos abrimos a essa mensagem, de forma pessoal, alcançamos a salvação (Rahner, 1968a, p. 185, tradução nossa).

Na Alta Idade Média, com a Escolástica, mais propriamente com o pensamento de Tomás de Aquino, essa compreensão ganhou novo sentido. Para esse teólogo, o **corpo** não é entendido apenas em seu sentido negativo, mas como matéria. Como tal, tem inúmeras possibilidades (potência) de ser. Estas lhe são atribuídas por meio de uma realidade que oportuniza a forma de ser – a alma. Assim, a dicotomia anteriormente existente passou a ser entendida não apenas como complementariedade, mas como totalidade. Como afirma Tomás de Aquino, "Ora, na constituição do homem, o corpo se comporta como matéria e a alma, como forma" (Tomás de Aquino, 2005, Sth. I. II. q. 55, a. 2). Ainda segundo o Doutor Angélico:

> A virtude, pela própria razão do termo, implica [...] uma perfeição da potência. Ora, como há dois tipos de potência, potência para

existir e potência para agir, a perfeição de uma e de outra chama-se virtude. Mas, a **potência para existir fundamenta-se na matéria**, que é ente em potência, ao passo que a **potência para agir fundamenta-se na forma**, que é princípio de ação, porque cada um age na medida em que está em ato. [...] Por isso é que a virtude humana, de que estamos tratando, não pode pertencer ao corpo, mas só ao que é próprio da alma. Assim, **a virtude humana não implica uma ordenação para o existir, mas antes para a ação**. (Aquino, 2005, Sth. I. II. q. 55, a. 2, grifo nosso)

É com base nessa compreensão de São Tomás de Aquino que a Igreja fundamenta sua visão do ser humano, entendendo-o segundo a lógica da criação e considerando que seu centro está inserido e submetido à providência e à lei divinas imputadas na realidade. Assim, a pessoa humana é criatura tanto em sua dimensão material quanto anímica (Rahner, 1968a).

A **alma** significa, muitas vezes, a vida humana em si, a pessoa humana como um todo, ou ainda designa o que há de mais interior e valoroso ao ser humano. Em outras palavras, aquilo que a constitui como imagem e semelhança de Deus: seu princípio espiritual (CIC[2], n. 363). O corpo, por sua vez, como realidade material, também foi criado por Deus e participa igualmente da dignidade da *Imago Dei*: "corpo humano precisamente por ser animado pela alma espiritual, e a pessoa humana na sua totalidade é que é destinada a tornar-se, no Corpo (Místico) de Cristo, templo do Espírito" (CIC, n. 364).

Nesse sentido, podemos compreender por que o ser humano não tem em si duas naturezas. Como afirma o *Catecismo da Igreja Católica*:

> A unidade da alma e do corpo é tão profunda que se deve considerar a alma como a "forma" do corpo; quer dizer, é graças à alma espiritual que o corpo, constituído de matéria, é um corpo humano e vivo. No homem, o espírito e a matéria não são duas naturezas unidas, mas a sua união forma uma única natureza. (CIC, n. 365)

---

2 CIC – *Catecismo da Igreja Católica*. Disponível em: <http://www.vatican.va/archive/cathechism_po/index_new/prima-pagina-cic_po.html>. Acesso em: 23 jan. 2018.

Tendo em vista o entendimento de que o ser humano é uma totalidade de alma e corpo, não lhe é lícito vivenciar uma existência na qual uma dessas dimensões seja relegada. Em outras palavras: fragmentar a existência desconsiderando os aspectos espirituais ou corpóreos não proporciona à pessoa a experiência da vida em plenitude. Sob esse aspecto, a constituição pastoral *Gaudium et Spes* ressalta:

> O homem, ser uno, composto de corpo e alma, sintetiza em si mesmo, pela sua natureza corporal, os elementos do mundo material, os quais, por meio dele, atingem a sua máxima elevação [...]. Não pode, portanto, desprezar a vida corporal; deve, pelo contrário, considerar o seu corpo como bom e digno de respeito. (GS[3], n. 14)

É nesse contexto que se insere a temática da sexualidade, tendo em vista – como pontuamos no Capítulo 1 – que a vivência sexual não é apenas uma dimensão biológica. A sexualidade afeta a pessoa em sua totalidade. Nas diferentes fases de sua existência e de diversas formas ela está submetida a influências específicas (PH[4], n. 1). Assim, podemos afirmar que ela tem um papel central no processo do desenvolvimento humano e que, para promoverem a dignidade humana, as autênticas relações sexuais em nível primário – relativas aos caracteres somáticos ou às raízes biológicas da sexualidade – necessitam de constante integração com o amor que se dirige de forma integral (*eros*) a outra pessoa. E é somente mediante um processo de correspondência interpessoal do amor (*philia*) que tal pessoa a aceita em sua totalidade. Contudo, esse tipo de relacionamento não pode se tornar egocêntrico, permanecendo no nível de mera fruição e satisfação dos desejos. Ele necessita incorporar em si o aspecto da doação, no qual está incluída a dimensão do sacrífico (ágape), que é a resposta do amor humano ao amor de Deus.

---

3 GS – Constituição pastoral *Gaudium et Spes*. Disponível em: <http://www.vatican.va/archive/hist_councils/ii_vatican_council/documents/vat-ii_const_19651207_gaudium-et-spes_po.html>. Acesso em: 23 jan. 2018.

4 PH – Declaração *Persona Humana*: sobre alguns pontos de ética sexual. Disponível em: <http://www.vatican.va/roman_curia/congregations/cfaith/documents/rc_con_cfaith_doc_19751229_persona-humana_po.html>. Acesso em: 22 jan. 2018.

> **Aprofundando...**
>
> Precisamente a sexualidade humana, em diferença à animal, não está configurada pelo instinto, [...] mas espera uma configuração na *philia* e no ágape. Quando esta configuração não acontece, as realidades somáticas e o *eros* se desprendem do pessoal não representando o meio e a expressão da vinculação pessoal. Mas busca por si mesmo, perde-se o sentido e também a legitimidade da vivência sexual. Justamente na insegurança instintiva e na abertura a uma configuração pessoal, percebe-se a peculiaridade da sexualidade humana, sua superioridade, mas também sua vulnerabilidade. Nesse sentido, a sexualidade está totalmente a serviço da pessoa, e não pode se separar desta dimensão. As funções somáticas e o *eros* necessitam, por conseguinte, de uma transformação pela *philia* e uma integração no ágape. (Rahner, 1968b, p. 243, tradução nossa)

A sexualidade não só permeia, mas é responsável pela integração plena do ser humano consigo, com o outro e com Deus. As consequências de uma vida não estabelecida com base nesses parâmetros são a fragmentação e a deturpação da conduta moral. Assim, percebemos a importância de uma vida sexual que inclua em si as dimensões somáticas: o *eros,* a *philia* e o ágape.

2.2 Doutrina sexual e desordens sexuais

Como explicamos anteriormente, são entendidas como *desordens sexuais* aqueles comportamentos que contrariam a doutrina moral da Igreja no campo da sexualidade. Contudo, para versarmos sobre isso, é necessário recordamos alguns pontos essenciais que pressupõem a visão eclesial sobre a **moralidade**.

O *Catecismo da Igreja Católica*, ao abordar as questões relativas à moral, sintetiza sua argumentação da seguinte forma: "Respeitar as leis inscritas na criação e as relações derivantes da natureza das coisas é princípio de sabedoria e fundamento da moral" (CIC, n. 354). Em outras palavras, a moral não tem como ponto fundante permissões ou interditos (do tipo "faça" ou "não faça"), mas tem sua origem no reconhecimento da natureza e no ordenamento próprio que a rege.

São Tomás de Aquino, herdeiro de uma tradição que já refletia sobre essa questão[5], salienta que o pressuposto da moral não pode ser entendido como um simples conjunto de regras e normas que orientam a conduta humana (Tomás de Aquino, 2009. Sth. I. II. Pr.). Ela é mais ampla e se conecta com toda a ordem da criação na qual a pessoa, como criatura, está inserida. As escolhas realizadas de forma livre e responsável não afetam apenas a particularidade da vida de quem as realizou, elas têm efeito mais amplo. Este sempre será entendido com base na totalidade da natureza humana, que tem como finalidade última sua realização plena (Tomás de Aquino, 2009. Sth. I. II. a. 21. a. 2).

Qual seria, então, a essência da natureza do ser humano? Segundo Tomás de Aquino, é a **racionalidade**, pois é por meio dela que podemos refletir sobre a realidade, tomar decisões e agir: "O primeiro princípio de todas as ações humanas é a razão e qualquer outro princípio que se encontre para as ações humanas obedece, de algum modo, a razão" (Tomás de Aquino, 2005. Sth. I. II. a. 58. a. 2). Portanto, a razão é a estrutura interna criada por Deus que possibilita ao ser humano acessar e compreender a ordem imputada por Ele em toda a realidade.

---

5 É importante salientar qua a noção de ordenamento natural da realidade, de uma lei natural, já estava presente no pensamento ocidental com base na filosofia platônica, mas foi amplamente desenvolvido pelos filósofos do estoicismo. Contudo, teologicamente é Tomás de Aquino que irá desenvolvê-la com maior propriedade.

Esse pensamento nos permite compreender a afirmação de que a pessoa é destinada à felicidade, à bem-aventurança, tendo em vista de que é "Dotada de uma alma espiritual, de inteligência e de vontade, a pessoa humana é, desde a sua concepção, ordenada para Deus e destinada à eterna bem-aventurança. E continua a aperfeiçoar-se na "busca e amor da verdade e do bem" (CIC, n. 1.711). Assim, percebemos que há uma vinculação entre o bem moral e a finalidade última da vida humana.

Lembramos, como forma de ilustrar essa vinculação, a passagem do jovem rico que indaga Jesus sobre o que deveria fazer para alcançar a vida eterna (Mt 19,16), apresentada na carta encíclica *Veritatis Splendor*:

> *No jovem, que o Evangelho* de Mateus deixa sem nome, podemos reconhecer **cada homem que**, conscientemente ou não, **se aproxima de Cristo, Redentor do homem, e lhe coloca a questão moral**. Para o jovem, mais do que uma pergunta sobre as normas a observar, trata-se de **uma questão de plenitude de significado para a vida**. Esta é efectivamente a aspiração que está no âmago de cada decisão e de cada ação humana, a inquietude secreta e o impulso íntimo que movem a liberdade. Esta pergunta é, em última análise, um apelo ao Bem absoluto que nos atrai e chama para Si, é o eco de uma vocação de Deus, origem e fim da vida do homem. (VS[6], n. 7, grifo do original)

Tomando como fundamento o Catecismo, podemos afirmar que a "lei 'divina e natural' mostra ao homem o caminho a seguir para praticar o bem e atingir o seu fim" (CIC, n. 1.955). É ela que expressa as diretrizes primordiais que conduzem a ação moral. A referência dessa lei é a natureza racional, própria da pessoa humana; ela é, portanto, "a luz da inteligência posta em nós por Deus; por ela, nós conhecemos o que se deve fazer o que se deve evitar" (CIC, n. 1.955).

---

6 VS – Carta encíclica *Veritatis Splendor*. Disponível em: <http://w2.vatican.va/content/john-paul-ii/pt/encyclicals/documents/hf_jp-ii_enc_06081993_veritatis-splendor.html>. Acesso em: 23 jan. 2018.

O pecado, nesse contexto, é compreendido como "um acto contrário à razão. Fere a natureza do ser humano e atenta contra a solidariedade humana" (CIC, n. 1.872). Assim, ele é entendido como uma "falta grave contra a razão, a verdade, a recta consciência. É uma falha contra o verdadeiro amor para com Deus e para com o próximo [...]. Foi definido como 'uma palavra, um acto ou um desejo contrários à Lei eterna" (CIC, n. 1.849).

É salutar salientarmos que a Igreja entende que a lei divina e natural é "**universal** nos seus preceitos, e a sua autoridade estende-se a todos os homens" (CIC, n. 1.956, grifo do original). Ela é também "**imutável** e permanente através das variações da história. Subsiste sob o fluxo das ideias e dos costumes e está na base do respectivo progresso. As regras que a traduzem permanecem substancialmente válidas" (CIC, n. 1.958, grifo do original). Entretanto, no que diz respeito a sua aplicabilidade, ressaltamos que pode ser necessária uma reflexão adaptada às condições de vida e à cultura, tendo em vista lugares e circunstâncias, mas que "na diversidade das culturas, a lei natural permanece como uma regra a unir os homens entre si, impondo-lhes, para além das diferenças inevitáveis, princípios comuns" (CIC, n. 1.957).

A Igreja acredita que "a chave, o centro e o fim de toda a história humana se encontram no seu Senhor e mestre. E afirma, além disso, que subjacentes a todas as transformações, há muitas coisas que não mudam, cujo último fundamento último é Cristo, o mesmo ontem, hoje, e para sempre" (GS, n. 10).

Tendo em vista essa fundamentação moral, é importante salientarmos que o comportamento humano no que se refere à sexualidade também está relacionado à lei divina e natural. Assim, recordando alguns aspectos da doutrina sobre a sexualidade humana apresentados no primeiro capítulo, ressaltamos aqui a importância de compreendê-la:

- em seu aspecto interpessoal e igualitário entre homem e mulher;
- em sua sacralidade e unicidade à luz da imagem e semelhança de Deus; e

- sob a centralidade da fecundidade, que é o ápice do amor e da doação mútua do casal e símbolo da comunhão espiritual que se estabelece entre os dois.

Como afirma a declaração *Persona Humana:* os princípios da moral sexual devem ser determinados "num contexto de autêntico amor, o sentido da mútua doação e da procriação humana" (PH, n. 5).

2.3 Posicionamento da Igreja com relação às principais desordens sexuais

Como comentamos na seção anterior, o fundamento moral proposto pela Igreja para a conduta humana está diretamente relacionado à lei divina e natural. Essa tem vinculação direta com o ordenamento imputado na realidade pelo Criador e permite ao ser humano encontrar a finalidade última de sua existência, que é a felicidade, a bem-aventurança. Assim, pelo uso da razão se percebe o que é bem e mal, bom e ruim, certo e errado.

Nesse contexto, a vivência da sexualidade é apresentada pela Igreja com base nos princípios encontrados na natureza humana. Outros princípios que sejam utilizados para pautar a vida sexual geram uma dinâmica de desordenamento de conduta. Por esse motivo, são chamadas de *desordens sexuais*, pois são comportamentos que não têm pressuposto na lei natural, mas em outras filosofias ou em conjuntos de valores não legitimados pela Igreja. Principalmente porque estes não têm como critério a compreensão do ser humano em sua totalidade e também não visam necessariamente conduzi-lo a uma finalidade última, que é o encontro da bem-aventurança.

Dentre os comportamentos considerados pela Igreja como desordens sexuais, detalharemos aqueles que ferem os principais pontos da doutrina sobre a sexualidade, a saber: a homossexualidade, o autoerotismo, as relações extraconjugais e os transtornos de preferência sexual.

2.3.1 Homossexualidade

A homossexualidade tem, nas últimas décadas, ocupado grande espaço do debate público nos ambientes católicos, tendo em vista o contexto sociocultural em que estamos inseridos e as bases que pressupõem nossa fé.

A grande problemática que surge nesse contexto é que, muitas vezes, o desconhecimento de nossa doutrina e, por vezes, a radicalização ou relativização dela fazem esse debate conter em si argumentos não alinhados ao ensinamento da Igreja.

Por esse motivo, é salutar recordarmos que a homossexualidade deve ser entendida como uma característica do indivíduo cuja pulsão sexual é orientada para pessoas do mesmo sexo. Nesse ponto, é importante fazermos uma distinção básica: existe, nessa perspectiva de análise, a **pessoa homossexual** e a **prática homossexual**. A primeira sente desejo por pessoas do mesmo sexo e tem uma tendência, mais ou menos acentuada, para um comportamento relacional baseado nessas características. Dessa forma, a Igreja salienta que ser homossexual não constitui em si uma condição de pecado, mas ter uma conduta que conjugue tais práticas o insere nessa condição (APPH[7], n. 3).

A Igreja salienta que a "dignidade própria de cada pessoa deve ser respeitada sempre" (APPH, n. 10). Entretanto, é fundamental salientarmos

---

[7] APPH – *Carta aos bispos da Igreja Católica sobre o atendimento pastoral das pessoas homossexuais*. Disponível em: <http://www.vatican.va/roman_curia/congregations/cfaith/documents/rc_con_cfaith_doc_19861001_homosexual-persons_po.html>. Acesso em: 23 jan. 2018.

que, para a Igreja, a inclinação particular para a homossexualidade é um desordenamento sexual.

Tal concepção da Igreja se baseia na teologia da criação, a qual

> fornece o ponto de vista fundamental para a adequada compreensão dos problemas suscitados pelo homossexualismo. Na sua infinita sabedoria e em seu amor onipotente, Deus chama à existência toda a criação, como reflexo da sua bondade. Cria o homem à sua imagem e semelhança, como varão e mulher. Por isto mesmo, os seres humanos são criaturas de Deus chamadas a refletir, na complementariedade dos sexos, a unidade interna do Criador. Eles realizam esta função, de modo singular, quando, mediante a recíproca doação esponsal, cooperam com Deus na transmissão da vida. (APPH, n. 6)

Assim, a homossexualidade é considerada pela Igreja como contrária à natureza humana, pois não inscreve a sexualidade em sua perspectiva de amor mútuo a fim de favorecer a autodoação – essência da vida cristã – que se expressa, nessa circunstância, pela fecundidade. "Optar por uma atividade sexual com uma pessoa do mesmo sexo equivale a anular o rico simbolismo e o significado, para não falar dos fins, do desígnio do Criador a respeito da realidade sexual" (APPH, n. 7).

Todavia, a Igreja destaca a importância de termos prudência no processo de culpabilização dessas pessoas. Segundo a Igreja, estas se inserem na condição de desordenamento moral e, se sua prática alinha-se a sua inclinação sexual, praticam falta grave, estando, portanto, em condição de pecado. No entanto, "na actividade pastoral estes homossexuais assim hão de ser acolhidos com compreensão e apoiados na esperança de superar as próprias dificuldades pessoais e a sua inadaptação social" (PH, n. 8).

Nessa perspectiva, a Igreja orienta aqueles que desejam se inserir na comunidade eclesial e seguir a Deus, optando por uma vida casta, orientada para a fé e para a vivência comunitária (APPH, n. 12).

2.3.2 Autoerotismo

O autoerotismo, também denominado *masturbação*, é a atividade sexual cujo objetivo é a obtenção de prazer por meio de uma experiência subjetiva. Essa se efetiva tendo em vista a prática voluntária de excitação dos órgãos genitais a fim de conseguir a satisfação da pulsão sexual.

Ao analisarmos o autoerotismo, não devemos, segundo Zuccaro (2004), reduzir nossa perspectiva ao ato praticado pela pessoa que deseja a busca imediata pelo prazer. Isso porque muitas vezes esse ato não é uma realidade isolada, mas faz parte de um comportamento orientado constantemente para a vivência da sexualidade. Tal situação pode inserir a pessoa em uma estrutura diferenciada de percepção de si e do outro, tendo em vista que o autoerotismo passa a ser um modo alternativo de viver a própria sexualidade.

Dessa maneira, três são as formas pelas quais podemos compreender a prática autoerótica, cada qual indicando um nível de corrupção moral, conforme esquematizado na Figura 2.1.

Figura 2.1 – Formas de prática autoerótica

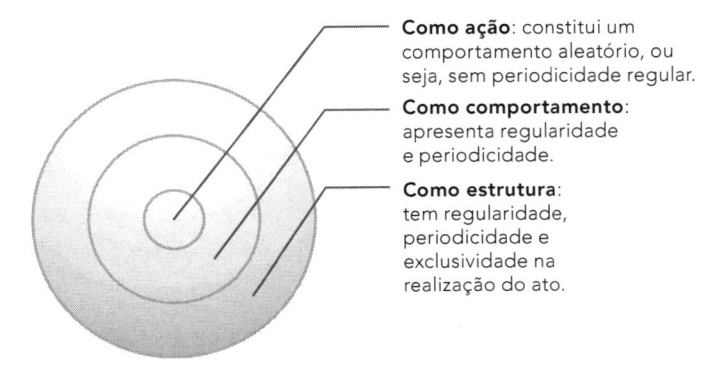

Como ação: constitui um comportamento aleatório, ou seja, sem periodicidade regular.

Como comportamento: apresenta regularidade e periodicidade.

Como estrutura: tem regularidade, periodicidade e exclusividade na realização do ato.

A Igreja entende que o autoerotismo é uma grave desordem moral (OE[8], n. 98), tendo em vista que fragmenta a compreensão própria do ser humano, pois, constituindo uma "autossatisfação fechada sobre si mesma", busca o prazer apenas na dimensão corpórea (PH, n. 9). Excluindo o aspecto relacional, contradiz o significado da doação conjugal que está pressuposto na união dos esposos e em sua vocação para colaborar na obra criadora de Deus por meio da fecundidade (SH[9], n. 102).

Contrariando a natureza própria da vivência da sexualidade, o autoerotismo é compreendido como um sintoma "de problemas muito mais profundos, os quais provocam uma tensão sexual que o sujeito procura superar recorrendo a tal comportamento" (OE, n. 99).

Considerando a complexidade e a gravidade da prática do autoerotismo como desordem moral, a Igreja advoga por uma atuação pastoral orientada para a educação sexual. Esta, mais que a repressão, deve ter como meta uma atividade pedagógica voltada para as causas do ato ou do comportamento autoerótico. Nesse sentido, deve ter como elementos norteadores:

- as diferentes faixas etárias;
- o histórico de vida e o estado psicológico e emocional do indivíduo;
- os níveis de maturidade afetiva;
- a força dos hábitos adquiridos.

2.3.3 Relações extraconjugais

A relação conjugal tem como um de seus princípios a união íntima entre os esposos, que gera uma doação recíproca de amor e de vida. Ela tem como

---

8 OE – *Orientações educativas sobre o amor humano*. Disponível em: <http://www.vatican.va/roman_curia/congregations/ccatheduc/documents/rc_con_ccatheduc_doc_19831101_sexual-education_po.html>. Acesso em: 26 jan. 2018.

9 SH – *Sexualidade Humana: verdade e significado*. Disponível em: <http://www.vatican.va/roman_curia/pontifical_councils/family/documents/rc_pc_family_doc_08121995_human-sexuality_po.html>. Acesso em: 6 fev. 2018.

exigência a experiência da perfeita fidelidade (GS, n. 48), e o rompimento desta gera um processo de profunda cisão entre os cônjuges. É nisso que consistem as relações extraconjugais, também denominadas de **adultério**. Segundo o **Catecismo da Igreja Católica**: "Aquele que o comete, falta aos seus compromissos. Viola o sinal da Aliança, que é o vínculo matrimonial, lesa o direito do outro cônjuge e atenta contra a instituição do matrimônio, violando o contrato em que assenta" (CIC, n. 2.381).

A infidelidade conjugal abala a estrutura do matrimônio, sendo, portanto, considerada uma desordem moral grave, pois também compromete a geração humana e a educação dos filhos, que têm a necessidade da união estável dos pais (CIC, n. 2.381).

Salientamos que as relações extraconjugais devem ser entendidas com base em duas óticas complementares: a do **desejo libidinoso** e a do **ato consumado**.

Figura 2.2 – Formas de compreensão das relações extraconjugais

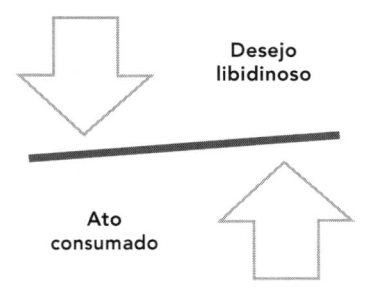

Muitas vezes, a relação extraconjugal é concebida apenas por meio da consumação do ato de infidelidade. Todavia, a doutrina da Igreja e o próprio Jesus no Evangelho salientam que o desejo libidinoso também é considerado prática de adultério. Isso não só porque se constitui no princípio de uma possível ação moral, mas também porque a pessoa interiormente já rompeu o vínculo de união de amor com o cônjuge (CIC, n. 2.380).

Dessa forma, tanto o desejo quanto o ato são considerados uma desordem moral grave, tendo em vista que o "uso da função sexual só tem sentido e retidão moral no casamento legítimo" (PH, n. 5).

Síntese

Buscamos apresentar a você, neste capítulo, como a Igreja se posiciona perante as desordens morais relacionadas à sexualidade.

Para tanto, ressaltamos que o ser humano, entendido como uma totalidade de corpo e alma, vivencia sua sexualidade em todas as dimensões de sua existência e por ela é demasiadamente influenciado. Por ter papel importante no processo de desenvolvimento da pessoa, a sexualidade também é responsável pela integração dela consigo, com os outros e com Deus.

Com base nessa perspectiva, salientamos que a vivência da lei circunscrita na natureza humana é princípio da moral. Tal lei é universal e imutável, ou seja, não está submetida às transformações que a história e a cultura propõem.

Sempre presente na vida humana, a moral no âmbito da sexualidade destaca: a importância da vivência da interpessoalidade; a igualdade entre homem e mulher; a unicidade e a sacralidade de sua relação; e a fecundidade como símbolo de comunhão espiritual. Ressaltamos, neste capítulo, que a vivência conforme esses princípios denota o ordenamento sexual, o qual auxilia no desenvolvimento integral da pessoa, e que os comportamentos contrários a este, chamados *desordens sexuais*, como a homossexualidade, o autoerotismo e as relações extraconjugais, geram um processo de fragmentação tanto do ser humano quanto das relações, pois transgredem um ou mais dos princípios citados.

Indicação cultural

O documento *Carta aos bispos da Igreja Católica sobre o atendimento pastoral das pessoas homossexuais*, da Congregação para a Doutrina da Fé, aprofunda as questões pastorais relacionadas à homossexualidade e ao acolhimento dos homossexuais na comunidade eclesial.

CONGREGAÇÃO PARA A DOUTRINA DA FÉ. **Carta aos bispos da Igreja Católica sobre o atendimento pastoral das pessoas homossexuais**. Roma, 1º out. 1986. Disponível em: <http://www.vatican.va/roman_curia/congregations/cfaith/documents/rc_con_cfaith_doc_19861001_homosexual-persons_po.html>. Acesso em: 13 nov. 2017.

Atividades de autoavaliação

1. Durante a história da Igreja houve diversos conceitos acerca de quem é o ser humano. São Tomás de Aquino, em especial, o compreende como uma totalidade de alma e corpo. No que diz respeito a essa doutrina, analise as afirmativas a seguir:
    I. O corpo é entendido como matéria da qual o ser humano é composto, e a alma, como aquela que dá forma àquele.
    II. O corpo tem um sentido negativo, pois, sendo matéria, contém diversas possibilidades de ser, que dão à sexualidade e à experiência corpórea um significado pejorativo.
    III. Em Tomás de Aquino a concepção antropológica que antes se fundamentava na dicotomia passa a ser entendida não apenas como complementariedade de alma e corpo, mas como totalidade.
    IV. Com base na doutrina de São Tomás, a Igreja fundamentou sua visão antropológica, compreendendo o ser humano em sua dimensão material e anímica.

Assinale a alternativa que apresenta todas as afirmativas corretas:
a) I, II, IV.
b) I, III, IV.
c) II, III, IV.
d) III, IV.

2. A Igreja concebe o ser humano como uma totalidade de alma e corpo. Nesse sentido, sua existência não pode ser fragmentada, desconsiderando-se seus aspectos espirituais ou corpóreos. No contexto da sexualidade, essa concepção traz em si vários desdobramentos. Sobre eles, analise as seguintes afirmativas:
   I. A vivência da sexualidade não é apenas algo biológico, ela permeia todas as dimensões da vida humana.
   II. A vida humana é afetada pela sexualidade em toda sua extensão e integralidade e nas diferentes fases da existência humana, tendo um papel central no processo de desenvolvimento do indivíduo.
   III. A sexualidade também deve ser entendida com base em sua dimensão transcendente, no sentido de que não permanece apenas em nível de mera fruição e satisfação dos desejos, mas incorpora o aspecto da doação e do sacrifício.
   IV. A sexualidade permeia, mas não é responsável pela integração plena do ser humano consigo, com o outro e com Deus.

   Assinale a alternativa que apresenta as afirmativas corretas:
   a) I, II, III.
   b) II, III, IV.
   c) I, III, IV.
   d) III, IV.

3. Segundo a doutrina cristã, " Respeitar as leis inscritas na criação e as relações derivantes da natureza das coisas é princípio de sabedoria e

fundamento da moral" (CIC, n. 354). No que tange à moral sexual, os princípios que regem o comportamento devem ser determinados com base em um contexto de autêntico amor, de doação mútua e de fecundidade. Sobre o comportamento sexual segundo a moral cristã, analise as afirmativas a seguir:

I. A sexualidade deve ser vivida por meio de uma relação interpessoal assimétrica entre homem e mulher.

II. A relação entre os cônjuges deve estar fundamentada, à luz da imagem e semelhança de Deus, na dimensão da sacralidade e da unicidade.

III. Os cônjuges que vivem uma relação de amor e doação mútua devem estar abertos à procriação, que é o símbolo da comunhão espiritual que se estabelece entre os dois.

IV. Por meio de uma relação igualitária entre homem e mulher, a sexualidade deve ser vivida no amor e na doação mútua, símbolo da sacralidade matrimonial.

Assinale a alternativa que apresenta as afirmativas corretas:
a) I, II, III.
b) II, III, IV.
c) I, III, IV.
d) III, IV.

4. Alguns comportamentos de ordem sexual não obedecem à lei divina e natural circunscrita na realidade e são compreendidos como desordens morais. Um desses comportamentos é o autoerotismo, que pode ser compreendido de três formas diferentes, cada qual indicando um nível de corrupção moral. Quais são essas formas, respectivamente?
a) Como ação, como comportamento e como mentalidade.
b) Como mentalidade, como ação e como estrutura.
c) Como ação, como comportamento e como estrutura.
d) Como comportamento, como ação e como mentalidade.

5. As relações extraconjugais são consideradas uma desordem moral, pois ferem a aliança matrimonial e prejudicam a instituição do casamento, violando o contrato que o fundamenta (CIC, n. 2.381). Essas relações devem ser entendidas considerando-se duas óticas complementares:
   a) relações intermitentes e relações permanentes.
   b) desejo de fato e desejo de ato.
   c) desejo libidinoso e ato consumado.
   d) Infidelidade e adultério.

Atividades de aprendizagem

Questões para reflexão

1. A homossexualidade deve ser entendida como uma característica do indivíduo cuja pulsão sexual é orientada para pessoas do mesmo sexo. Trata-se, segundo a Igreja, de uma desordem sexual, tendo em vista que "optar por uma atividade sexual com uma pessoa do mesmo sexo equivale a anular o rico simbolismo e o significado, para não falar dos fins, do desígnio do Criador a respeito da realidade sexual" (APPH, n. 7). Entretanto, é necessário fazermos uma distinção entre a pessoa homossexual e a prática homossexual, e nesse ponto a Igreja salienta a importância da prudência no processo de culpabilização do ser humano e também recomenda a acolhida dos homossexuais na comunidade eclesial. Como deve ser realizada essa acolhida?

2. É a lei divina e natural que estabelece os princípios e normas por meio do ordenamento imputado por Deus na realidade. Ela tem como características a universalidade e a imutabilidade. Como afirma o *Catecismo da Igreja Católica*, é "**imutável** e permanente através das variações da história. Subsiste sob o fluxo das ideias e dos costumes e está na base do respectivo progresso. As regras que a traduzem permanecem substancialmente válidas" (CIC, n. 1.958, grifo do

original). Como pensar essa perspectiva moral diante das mudanças histórico-culturais, principalmente no que tange à questão da sexualidade?

Atividade aplicada: prática

1. No que diz respeito às desordens morais, existem muitas iniciativas pastorais que visam acolher e orientar pessoas sobre esse tema. No que tange à situação dos homossexuais, há várias iniciativas, nos mais diversos níveis eclesiásticos. Realize uma pesquisa sobre alguma dessas iniciativas e reflita de que forma ela atende as orientações apresentadas neste capítulo.

3
Matrimônio e doutrina da Igreja[1]

---

[1] Todas as passagens bíblicas referidas neste capítulo foram extraídas de Bíblia (2017). Para as citações de documentos eclesiais diversos, usamos aqui siglas para sua identificação, seguidas do número do item correspondente. No tocante aos documentos eclesiais emitidos pelo Concílio Vaticano II, esclarecemos que podem ser consultados acessando-se a página eletrônica Documentos do Concílio Vaticano II, do *site* oficial La Santa Sede (2018). Para esses e outros documentos, emitidos por diferentes divisões do Vaticano, indicaremos os endereços eletrônicos específicos ao longo do capítulo.

O matrimônio é "um dos bens mais preciosos da humanidade" (FC², n. 1), pois é considerado "princípio e fundamento da sociedade humana" (AA³, n. 11). Nesse sentido, há uma reflexão teológica ampla e profunda acerca de sua constituição, de sua função e dos desafios que enfrenta atualmente na sociedade.

---

2 FC – Exortação apostólica de João Paulo II *Familiaris Consortio*. Disponível em: <http://w2.vatican.va/content/john-paul-ii/pt/apost_exhortations/documents/hf_jp-ii_exh_19811122_familiaris-consortio.html>. Acesso em: 22 jan. 2018.

3 AA – Decreto *Apostolicam Actuositatem: sobre o apostolado dos leigos*. Disponível em: <http://www.vatican.va/archive/hist_councils/ii_vatican_council/documents/vat-ii_decree_19651118_apostolicam-actuositatem_po.html>. Acesso em: 22 jan. 2018.

Assim, objetivando levá-lo, leitor, a compreender os fundamentos teológicos que balizam essa reflexão, versaremos neste capítulo sobre as concepções de matrimônio presentes na Sagrada Escritura, bem como sobre os princípios que delas emanam.

Posteriormente, analisaremos como o matrimônio é tratado nos documentos do Concílio Vaticano II, em especial na constituição pastoral *Gaudium et Spes*, que o analisa por meio do contexto hodierno.

Por fim, apresentaremos os documentos pós-conciliares que abordam a questão do matrimônio e da vida matrimonial, em especial, a exortação apostólica *Familiaris Consortio* e a Carta às Famílias, ambas do pontificado de João Paulo II.

3.1 Os princípios do matrimônio segundo a Sagrada Escritura

A temática do *matrimônio* está presente em quase todos os livros da Sagrada Escritura e é apresentada sob diferentes enfoques que se relacionam ao processo de Aliança que Deus estabelece com seu povo. Nesse sentido, em algumas narrativas percebemos o estabelecimento de um ideal de matrimônio, como na da Criação (Gn 2,18-23). Em outras, encontramos o matrimônio como metáfora para a relação corrompida do ser humano com Deus, como no livro do profeta Oseias (Os 2,16-18). Em algumas perícopes, ainda, o matrimônio é comparado à relação de Cristo com a Igreja, como nas epístolas paulinas (Ef 5,21-33).

Nessas e em outras passagens, encontramos também alguns princípios comuns e que permeiam as argumentações daquilo que constitui a essência do matrimônio. Em especial, três princípios merecem ser destacados: o da **complementariedade**, o da **sacralidade** e o da **indissolubilidade matrimonial**.

3.1.1 Complementariedade

Como explicamos no primeiro capítulo, a igualdade e a unidade entre homem e mulher são dois aspectos fundamentais para a conjugalidade, pois estabelecem o vínculo de integração necessário para a vivência do amor mútuo.

Na Sagrada Escritura, a primeira referência a essa questão está presente na segunda narrativa da Criação. Deus, ao formar o primeiro casal, o fez para o amor conjugal, que se expressa por uma profunda comunhão física e espiritual. Esta pode ser compreendida com base nas diferentes perícopes da passagem, a saber:

- A afirmação "Não é bom que o homem esteja só. Vou fazer uma auxiliar que lhe corresponda" (Gn 2,18) demonstra a mutualidade desejada por Deus e existente na figura do primeiro casal.
- Quando o homem exclama na narrativa "o osso de meus ossos e carne de minha carne" (Gn 2,22), percebemos que o autor bíblico faz uma referência à natureza humana. Portanto, indica não só que homem e mulher são iguais em natureza, mas que sua união está de acordo com a natureza humana.
- Por fim, a exclamação "eles se tornam uma só carne" (Gn 2,24) denota, primeiramente, a comunhão de amor existente entre o casal, que abandona laços familiares para se unir em matrimônio, como também a reciprocidade de quem acolhe o outro em si, transformando o amor mútuo em doação.

Fazendo referência a essa passagem, encontramos no Evangelho de São Mateus, no contexto da discussão sobre o divórcio, a afirmação de

Jesus acerca da unidade conjugal: "De modo que já não são dois, mas uma só carne" (Mt 19,6). Indagado sobre a licitude da rejeição da mulher por parte do esposo, Jesus reafirma a importância do matrimônio utilizando como pressuposto o princípio da complementariedade.

Em suas epístolas, Paulo também aborda esse assunto. Em especial na Epístola aos Efésios, ele utiliza, metaforicamente, a relação entre Cristo e a Igreja para tratar da vida matrimonial:

> Sede submissos uns aos outros no temor de Cisto. As mulheres o sejam a seus maridos, como ao Senhor, porque o homem é a cabeça da mulher, como Cristo é a cabeça da igreja e o salvador do Corpo. Como a igreja está sujeita a Cristo, estejam as mulheres em tudo sujeitas aos maridos. E vós, maridos, amai vossas mulheres, como Cristo amou a Igreja e se entregou por ela, a fim de purifica-la com o banho da água e santifica-la pela Palavra, para apresentar a si mesmo a Igreja, gloriosa, sem mancha nem ruga, ou coisa semelhante, mas santa e irrepreensível. Assim também os maridos devem amar suas próprias mulheres, como a seus próprios corpos. Quem ama sua mulher ama-se a si mesmo, pois ninguém jamais quis mal à sua própria carne, antes alimenta-a e dela cuida, como também faz Cristo com a Igreja, porque somos membros do seu Corpo. Por isso deixará o homem seu pai e sua mãe e se ligará à sua mulher, e serão ambos uma só carne. É grande este mistério: refiro-me à relação entre Cristo e sua Igreja. Em resumo, cada um de vós ame a sua mulher como a si mesmo e a mulher respeite o seu marido. (Ef 5,21-33)

Ao inserir a união matrimonial no mistério da relação de Cristo e da Igreja (Ef 5,32), Paulo não apresenta apenas um modelo segundo o qual esta deveria ser estruturada. Ele afirma algo muito mais profundo: que o vínculo existente entre marido e mulher deve ser o reflexo da relação de Cristo com a Igreja.

> **Aprofundando...**
>
> Exegetas católicos veem aqui mais do que uma mera comparação, e até mais do que somente a relação entre protótipo e seguimento. O protótipo de Cristo não é apenas um exemplo que é seguido na imagem do matrimônio terreno, e, sim, essa imagem, o matrimônio terreno e sua efetivação prática, também é constituído, em sua essência, pelo modelo de Cristo. A imagem, o matrimônio terreno, recebe, assume e representa o protótipo. [...] No matrimônio terreno é preservada essencialmente a relação de Cristo com a Igreja (Schneider, 2001, p. 328).

Nesse sentido, são apresentados pelo apóstolo alguns indicativos de comportamento que denotam e também promovem a união e a reciprocidade matrimonial. Assim, os esposos podem encontrar a razão profunda que pressupõe uma relação de complementariedade mútua baseada no amor e na doação (Fabris, 1992).

3.1.2 Sacralidade

A vocação à vida matrimonial não é algo criado pela história ou pela cultura, mas é parte inerente da natureza do homem e da mulher, da forma como saíram das mãos do Criador (CIC[4], n. 1.603). Assim, podemos afirmar que Deus é o autor do matrimônio (GS[5], n. 48) e, nesse contexto, conseguimos compreender a dimensão sagrada dessa união.

---

4 CIC – *Catecismo da Igreja Católica*. Disponível em: <http://www.vatican.va/archive/cathechism_po/index_new/prima-pagina-cic_po.html>. Acesso em: 7 fev. 2018.

5 GS – Constituição pastoral *Gaudium et Spes*. Disponível em: <http://www.vatican.va/archive/hist_councils/ii_vatican_council/documents/vat-ii_const_19651207_gaudium-et-spes_po.html>. Acesso em: 7 fev. 2018.

Em especial na primeira narração da Criação, encontramos a bênção de Deus à união de homem e mulher que ele mesmo criara: "Deus criou o homem à sua imagem; à imagem de Deus ele o criou, homem e mulher ele os criou. Deus os abençoou e lhes disse: 'Sede fecundos, multiplicai-vos, enchei a terra e submetei-a; dominai sobre os peixes do mar, as aves do céu e todos os animais que rastejam sobre a terra'" (Gn 1,27-28).

Nessa passagem, o "matrimônio aparece em toda a sua sacralidade, sendo instituído e santificado por Deus, e em cuja presença ele se desenvolve" (Rocchetta, 1991). Destacamos que a bênção de Deus vem acompanhada do chamado à fecundidade e à administração dos bens terrenos.

Outra passagem em que se evidencia a sacralidade do matrimônio aparece no livro de Tobias. Ali, conta-se a história desse jovem que, ao contrair núpcias com Sara, busca pela oração a libertação do mal que assola sua esposa, para com ela consumar seu matrimônio:

> Então Tobias levantou-se do leito e disse a Sara: encorajou a jovem com estas palavras: "Levanta-te, minha irmã! Oremos e peçamos a nosso Senhor que tenha compaixão de nós e nos salve". Ela se levantou e começaram a orar e a pedir para obterem a salvação. Ele começou dizendo: "Bendito sejas tu, Deus de nossos pais, e bendito seja em teu Nome por todos os séculos dos séculos! Bendigam-te os céus e tua criação inteira em todos os séculos. Tu criaste Adão e para ele criaste Eva, sua mulher, para ser seu sustentáculo e amparo, e para que de ambos derivasse a raça humana. Tu mesmo disseste: Não é com que o homem fique só; façamos-lhe uma auxiliar semelhante a ele. E agora, não é por prazer que tomo esta minha irmã, mas com reta intenção. Digna-te ter piedade de mim e dela e conduzir-nos juntos a uma idade avançada!" E disseram em coro: "Amém, amém!" E se deitaram para passar a noite. Ora, Rangel se levantou e, chamando os criados que tinha em casa, foram cavar um túmulo. Pois dizia consigo: "Não aconteça que tenha morrido nos tornemos objeto de escárnio e zombaria." (Tb 8, 4-10)

"Além da instituição do matrimônio e o amor físico, a oração confere ao matrimônio sua solidez na indissolubilidade e na fidelidade" (Nocent et al., 1989, p. 365). O amor, fundamento do matrimônio, não permanece apenas na esfera humana, mas por meio da vivência espiritual une Tobias e Sara a Deus e estabelece, com essa união, a sacramentalidade de sua aliança.

3.1.3 Indissolubilidade

Ao instituir o matrimônio, no próprio ato criativo foi estabelecido também seu caráter indissolúvel, tendo em vista que ser uma só carne (Gn 2,24) significava pertencer a uma única natureza. Entretanto, no Livro do Deuteronômio há a autorização para o divórcio, que passa a incorporar o conjunto de regras vividas pelo povo de Israel: "Quando um homem tiver tomado uma mulher e consumado matrimônio, mas esta, logo depois, não encontra mais graça a seus olhos, porque viu nela algo de inconveniente, ele lhe escreverá então uma ata de divórcio e a entregará deixando-a sair de sua casa em liberdade" (Dt 24,1).

Tal questão será retomada apenas no Novo Testamento. No Evangelho de São Mateus, encontramos a narração do episódio em que Jesus é questionado pelo fariseus sobre a legitimidade do preceito mosaico. Ele responde negativamente, evocando a segunda passagem da Criação: "Por isso, o homem deixará pai e mãe e se unirá à sua mulher; e os dois serão uma só carne? De modo que já não são dois, mas uma só carne. Portanto, o que Deus uniu o homem não deve separar" (Mt 19,5-6).

Tendo em vista a defesa da indissolubilidade do matrimônio, o evangelista Mateus salienta que todo e qualquer comportamento que fuja desse princípio constitui adultério: "E eu vos digo que todo aquele que repudiar sua mulher – exceto por motivo de 'prostituição' – e desposar outra, comete adultério" (Mt 19,9).

No Evangelho de Lucas, no contexto em que Jesus acusa os fariseus de viver uma justiça parcial, aparente apenas aos olhos dos humanos e não aos de Deus, ele ressalta o critério já destacado em Mateus de que o homem, ao abandonar sua mulher e casar-se com outra, cometerá adultério. Isso ilustra a postura de Jesus ante a indissolubilidade do matrimônio.

Para concluir...

É importante destacarmos que esses princípios são o fundamento da sacramentalidade do matrimônio. Como afirma a exortação apostólica *Familiaris Consortio*:

> Esta comunhão conjugal radica-se na complementariedade natural que existe entre o homem e a mulher e alimenta-se mediante a vontade pessoal dos esposos de condividir, num projecto de vida integral, o que têm e o que são: por isso, tal comunhão é fruto e sinal de uma exigência profundamente humana. Porém, em Cristo, Deus assume esta exigência humana, confirma-a, purifica-a e eleva-a, conduzindo-a à perfeição com o sacramento do matrimónio: o Espírito Santo infuso na celebração sacramental oferece aos esposos cristãos o dom de uma comunidade nova, de amor, que é a imagem viva e real daquela unidade singularíssima, que torna a Igreja o indivisível Corpo Místico do Senhor. (FC, n. 19)

3.2 Matrimônio nos documentos do Concílio Vaticano II

No Concílio Vaticano II, a Igreja foi chamada, com base em sua doutrina e em seus valores, a refletir por meio de um processo de *aggiornamento*, ou seja, de "renovação em resposta às exigências do momento presente, para que o Evangelho apareça sempre na sua vitalidade" (Passos; Sanchez, 2015, p. 8). Conforme um de seus documentos:

> O sagrado Concílio propõe-se fomentar a vida cristã entre os fiéis, adaptar melhor às necessidades do nosso tempo as instituições susceptíveis de mudança; promover tudo o que pode ajudar a união de todos os crentes em Cristo; e fortalecer o que pode contribuir para chamar a todos ao seio da Igreja. (SC[6], n. 1)

Dentre os vários temas discutidos no Concílio está o do matrimônio, compreendido como o "princípio e fundamento da sociedade humana" (AA, n. 11). Entretanto, em suas discussões, o Concílio não dedica um documento especial a essa questão, mas a analisa com base nos diferentes contextos temáticos presentes em constituições, decretos e declarações que transmitem seus ensinamentos.

Na constituição conciliar *Sacrosanctum Concilium*, por exemplo, o matrimônio é abordado de acordo com uma ótica litúrgica. Tal documento evoca a necessidade da renovação e do incremento da liturgia, tendo em vista as necessidades dos tempos (SC, n. 3), e indica alguns critérios de renovação que devem ser considerados na celebração do sacramento do matrimônio. Entre estes, essa constituição salienta a necessidade e o enriquecimento do rito, para que a graça própria do sacramento seja exaltada, como também que as obrigações mútuas dos cônjuges não fiquem apenas explícitas, mas principalmente sejam inculcadas neles. Entretanto, o documento tem como ressalva a conservação dos costumes e ritos legítimos das diversas regiões, assim, possibilita às diferentes conferências episcopais a preparação de um rito próprio que responda às necessidades locais, desde que o sacerdote tenha o consentimento dos noivos (SC, n. 77).

---

[6] SC – Constituição conciliar *Sacrosanctum concilium*. Disponível em: <http://www.vatican.va/archive/hist_councils/ii_vatican_council/documents/vat-ii_const_19631204_sacrosanctum-concilium_po.html>. Acesso em: 24 jan. 2018.

Com relação à celebração em si, o documento orienta que o matrimônio deve ser celebrado dentro da missa ou em uma celebração da Palavra. Solicita que a oração sobre a noiva seja revista, tendo em vista a necessidade de impor deveres comuns aos esposos, e sublinha a obrigatoriedade de a oração dos esposos ser sempre realizada pelo celebrante (SC, n. 78).

Entretanto, é na constituição pastoral *Gaudium et Spes* que encontramos uma análise mais aprofundada a respeito do matrimônio e sua condição nos dias de hoje. Dedicando-se a refletir as relações da Igreja com o mundo moderno, o documento aborda de forma mais ampla a questão do matrimônio, a relação dos esposos e as questões da família.

Ao destinar todo um capítulo para essa reflexão e tomá-la como um problema de caráter urgente (GS, n. 46), a constituição expressa profunda preocupação com as diversas desordens que desrespeitam a integridade e a dignidade do matrimônio. Entre estas, podemos citar: a poligamia, o divórcio, o amor livre, o hedonismo, as práticas ilícitas contra a geração de novas vidas etc.

Aprofundando...

[...] a dignidade desta instituição [o matrimônio] não resplandece em toda a parte com igual brilho. Encontra-se obscurecida pela poligamia, pela epidemia do divórcio, pelo chamado amor livre e outras deformações. Além disso, o amor conjugal é muitas vezes profanado pelo egoísmo, amor do prazer e por práticas ilícitas contra a geração. E as actuais condições económicas, sociopsicológicas e civis introduzem ainda na família não pequenas perturbações. Finalmente, em certas partes do globo, verificam-se, com inquietação, os problemas postos pelo aumento demográfico. (GS, n. 47)

Nesse sentido, a constituição pastoral *Gaudium et Spes* esclarece alguns princípios basilares acerca da doutrina sobre o matrimônio com o intuito de "fomentar a nativa dignidade do estado matrimonial e o seu alto e sagrado valor" (GS, n. 47). Por esse motivo, ela ressalta:

- a sacralidade do matrimônio, que tem em Deus seu autor;
- sua indissolubilidade, fruto da união íntima que é dom de Deus;
- que sua concretização ocorre à imagem da relação de Cristo com a Igreja, por meio do amor mútuo e da fidelidade;
- que esse amor mútuo culmina na geração e na educação dos filhos.

Aprofundando...

Cristo Senhor abençoou copiosamente este amor de múltiplos aspectos, nascido da fonte divina da caridade e constituído à imagem da sua própria união com a Igreja. E assim como outrora Deus veio ao encontro do seu povo com uma aliança de amor e fidelidade, assim agora o Salvador dos homens e esposo da Igreja vem ao encontro dos esposos cristãos com o sacramento do matrimónio. E permanece com eles, para que, assim como Ele amou a Igreja e se entregou por ela, de igual modo os cônjuges, dando-se um ao outro, se amem com perpétua fidelidade. O autêntico amor conjugal é assumido no amor divino, e dirigido e enriquecido pela força redentora de Cristo e pela acção salvadora da Igreja, para que, assim, os esposos caminhem eficazmente para Deus e sejam ajudados e fortalecidos na sua missão sublime de pai e mãe. Por este motivo, os esposos cristãos são fortalecidos e como que consagrados em ordem aos deveres do seu estado por meio de um sacramento especial; cumprindo, graças à força deste, a própria missão conjugal e familiar, penetrados do espírito de Cristo que impregna toda a sua vida de fé, esperança e caridade, avançam sempre mais na própria perfeição e mútua santificação e cooperam assim juntos para a glorificação de Deus (GS, n. 48).

O amor conjugal é apresentado, pois, como vínculo primeiro da relação entre marido e esposa. Entendido a princípio como eminentemente humano, tendo em vista se destinar a outra pessoa em forma de afeto e por meio da livre vontade, ele compreende o bem da pessoa em sua totalidade. Deus, por meio de sua graça, dignou-se a restaurar, aperfeiçoar e elevar esse dom, associando-o ao amor divino e levando os esposos à doação mútua por meio do afeto e de ações concretas. Assim, a inclinação erótica, de fundamento egoísta, é submergida por essa afeição, ato próprio do matrimônio. "São, portanto, honestos e dignos os actos pelos quais os esposos se unem em intimidade e pureza" (GS, n. 49).

Na Encíclica *Deus Caritas Est*, Bento XVI analisa de forma profunda a questão do amor erótico (*eros*) demonstrando que este se torna não apenas fruto de união entre os esposos, mas também fonte de busca de Deus.

Aprofundando...

Fica assim claro que o *eros* necessita de disciplina, de purificação para dar ao homem não o prazer de um instante, mas uma certa amostra do vértice da existência, daquela beatitude para que tende todo o nosso ser.

Dois dados resultam claramente desta rápida visão sobre a concepção do *eros* na história e na actualidade. O primeiro é que entre o amor e o Divino existe qualquer relação: o amor promete infinito, eternidade – uma realidade maior e totalmente diferente do dia a dia da nossa existência. E o segundo é que o caminho para tal meta não consiste em deixar-se simplesmente subjugar pelo instinto. São necessárias purificações e amadurecimentos, que passam também pela estrada da renúncia. Isto não é rejeição do *eros*, não é o seu "envenenamento", mas a cura em ordem à sua verdadeira grandeza.

Isto depende primariamente da constituição do ser humano, que é composto de corpo e alma. O homem torna-se realmente ele mesmo, quando corpo e alma se encontram em íntima unidade; o desafio do *eros* pode considerar-se verdadeiramente superado, quando se consegue esta unificação. Se o homem aspira a ser somente espírito e quer rejeitar a carne como uma herança apenas animalesca, então espírito e corpo perdem a sua dignidade. E se ele, por outro lado, renega o espírito e consequentemente considera a matéria, o corpo, como realidade exclusiva, perde igualmente a sua grandeza. [...] Mas, nem o espírito ama sozinho, nem o corpo: é o homem, a pessoa, que ama como criatura unitária, de que fazem parte o corpo e a alma. Somente quando ambos se fundem verdadeiramente numa unidade, é que o homem se torna plenamente ele próprio. Só deste modo é que o amor – o *eros* – pode amadurecer até à sua verdadeira grandeza.

Hoje não é raro ouvir censurar o cristianismo do passado por ter sido adversário da corporeidade; a realidade é que sempre houve tendências neste sentido. Mas o modo de exaltar o corpo, a que assistimos hoje, é enganador. O *eros* degradado a puro "sexo" torna-se mercadoria, torna-se simplesmente uma coisa que se pode comprar e vender; antes, o próprio homem torna-se mercadoria. Na realidade, para o homem, isto não constitui propriamente uma grande afirmação do seu corpo. Pelo contrário, agora considera o corpo e a sexualidade como a parte meramente material de si mesmo a usar e explorar com proveito. Uma parte, aliás, que ele não vê como um âmbito da sua liberdade, mas antes como algo que, a seu modo, procura tornar simultaneamente agradável e inócuo. Na verdade, encontramo-nos diante duma degradação do corpo humano, que deixa de estar integrado no conjunto da liberdade da nossa existência, deixa de ser expressão viva da totalidade do nosso ser, acabando como que relegado para o campo puramente biológico. A aparente exaltação do corpo pode bem depressa converter-se em ódio à corporeidade.

> Ao contrário, a fé cristã sempre considerou o homem como um ser unidual, em que espírito e matéria se compenetram mutuamente, experimentando ambos precisamente desta forma uma nova nobreza. Sim, o *eros* quer-nos elevar "em êxtase" para o Divino, conduzir-nos para além de nós próprios, mas por isso mesmo requer um caminho de ascese, renúncias, purificações e saneamentos (DCE[7], n. 4-5).

A Constituição *Gaudium et Spes* afirma que uma vida de virtude é essencial para que, nessa vocação cristã, se tenha um comportamento baseado na constância. Por isso, os esposos devem estar revigorados pela graça para uma vida santa, cultivando com assiduidade a firmeza no amor, o espírito de sacrifício, a abertura ao outro e, principalmente, a prática de oração (GS, n. 49).

Sendo o matrimônio fundamentado no amor conjugal, dele decorre, por meio de um ordenamento natural, a dimensão da fecundidade que se desdobra na procriação e na educação dos filhos. Ao resgatar as passagens que trabalhamos na primeira seção deste capítulo (Gn 1,28; 2,18; Mt 19,4), o documento salienta que ao ser humano foi conferida uma participação especial na obra criadora. Dessa forma, ao cultivar o amor conjugal e toda a estrutura da vida matrimonial, os esposos são chamados a cooperar com o processo de transmissão da vida.

Tendo como princípio e fundamento a paternidade responsável e o planejamento familiar, o Concílio salienta que os cônjuges devem discernir as condições "de tempo e da própria situação e tendo, finalmente, em consideração o bem da comunidade familiar, da sociedade temporal e da própria Igreja" (GS, n. 50). Entretanto, orienta de forma enfática que eles devem pressupor suas ações com base na lei divina, circunscrita na natureza humana, e não de forma arbitrária, como a sociedade muitas

---

7 DCE – Carta encíclica *Deus Caritas Est*. Disponível em: <http://w2.vatican.va/content/benedict-xvi/pt/encyclicals/documents/hf_ben-xvi_enc_20051225_deus-caritas-est.html>. Acesso em: 26 jan. 2018.

vezes propõe. É importante salientarmos que o documento, apesar de afirmar a importância da procriação, destaca que, "mesmo que faltem os filhos, tantas vezes ardentemente desejados, o matrimónio conserva o seu valor e indissolubilidade, como comunidade e comunhão de toda a vida" (GS, n. 50).

Por fim, a Constituição *Gaudium et Spes* dedica uma reflexão acerca das diferentes pessoas que têm responsabilidades em relação à promoção do matrimônio. Ela apresenta a figura dos pais como central nesse contexto, sendo que o pai deve exercer uma presença ativa, e a mãe precisa dedicar um tempo maior no processo de educação dos filhos, principalmente tendo em vista a necessidade de o processo educacional ser entendido em sentido totalizante e integrador. O documento destaca também a importância:

- da atuação da sociedade, entendida em seu sentido amplo, de organizações comunitárias ao Poder Público;
- da cooperação da comunidade científica tanto para a regulação da procriação humana quanto para a harmonização da estrutura familiar;
- do testemunho e da ação pastoral da comunidade eclesial na promoção e na defesa dos valores que fundamentam o matrimônio e a família;
- da atuação dos sacerdotes, para que, formados nas questões familiares, promovam a vocação dos esposos à vida matrimonial por meio dos diversos recursos espirituais que lhes são acessíveis (GS, n. 52).

É salutar reforçarmos que os princípios que sustentam essas reflexões presentes na *Gaudium et Spes* conduziram também as reflexões acerca do matrimônio e da família no período pós-conciliar.

Aprofundando...

O tratamento que a *Gaudium et Spes* apresenta para o matrimônio se caracteriza pelo fato de que o centro no campo da reflexão cristã do matrimônio está ocupado pelo casal conjugal. Experiência conjugal, que imbuída do Espírito de Cristo que lhe impregna a fé, a esperança e a caridade, favorece aos esposos a perfeição e a mútua santificação. O amor conjugal na Constituição, concebido e interpretado como "supremo indicativo" (dom) e como "supremo imperativo" (tarefa) para a vivência matrimonial. A visão que a Constituição pastoral apresenta do amor conjugal é de otimismo. Afirma que a experiência matrimonial associa o divino ao humano, e contribui para levar os esposos a uma mútua doação de si mesmos.

Outro aspecto importante do documento é não acentuar por demais a primazia no aspecto procriativo sobre o unitivo, ao mesmo tempo que insiste na devida harmonia e integração entre os dois princípios. Existe a preocupação em situar a pessoa humana como "centro integrador" de todos os valores pessoais e interpressoais. Além disso, a Constituição mostra uma vinculação entre a vida conjugal e familiar com as dimensões comunitárias e sociais. O matrimônio é compreendido como instituição de "ordenação divina", vínculo sagrado, que tem Deus como autor.

Também é importante dizer [...] que a visão conciliar do matrimônio é devedora de uma teologia tradicional. A necessidade de conceber o matrimônio como pacto conjugal entre o homem e a mulher; como experiência de indissolúvel unidade; como orientado para o fim da procriação; o resguardar das leis divinas sobre a transmissão da vida; não regular a prole através de meios não naturais e o matrimônio dotado de bens (visão agostiniana) e de fins (visão tomista) (Passos; Sanchez, 2015, p. 595-596).

3.3 Matrimônio nos documentos pós-conciliares

Após o Concílio Vaticano II, uma série de documentos versou sobre temas correlatos ao matrimônio e à família. Em linhas gerais, o objetivo era aprofundar questões de cunho doutrinal e teológico e orientar a Igreja a respeito de temáticas específicas, principalmente as advindas das novas conjunturas sociais, culturais ou científicas.

No que tange especificamente ao matrimônio, dois documentos merecem destaque dentre os vários existentes, tendo em vista seu conteúdo e o contexto no qual foram concebidos e promulgados: a exortação apostólica *Familiaris Consortio* e a *Gratissimam Sane*, ambas do pontificado de João Paulo II.

3.3.1 Exortação apostólica *Familiaris Consortio*

A *Familiaris Consortio* é uma exortação apostólica editada ao final do Sínodo dos Bispos em Roma, em 1980, a propósito do questionamento realizado sobre a família ante as transformações observadas no mundo atual. Como indica seu subtítulo, "Sobre a função da família cristã no mundo de hoje", esse documento dedica considerável parte de suas reflexões à vocação matrimonial e a sua vivência com base nos valores cristãos. Ela tem, como objetivo central, abrir novos horizontes para a descoberta da "beleza e a grandeza da vocação ao amor e ao serviço da vida" (FC, n. 1).

Estruturalmente, a exortação é dividida em quatro partes, como mostra a Figura 3.1.

Figura 3.1 – Estrutura da exortação apostólica *Familiaris Consortio*

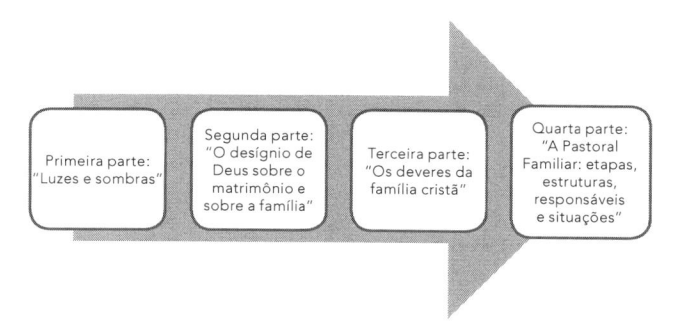

```
┌─────────────┐  ┌─────────────┐  ┌─────────────┐  ┌─────────────┐
│ Primeira    │  │ Segunda     │  │ Terceira    │  │ Quarta      │
│ parte:      │  │ parte:      │  │ parte:      │  │ parte:      │
│ "Luzes e    │  │ "O desígnio │  │ "Os deveres │  │ "A Pastoral │
│ sombras"    │  │ de Deus     │  │ da família  │  │ Familiar:   │
│             │  │ sobre o     │  │ cristã"     │  │ etapas,     │
│             │  │ matrimônio  │  │             │  │ estruturas, │
│             │  │ e sobre a   │  │             │  │ responsáveis│
│             │  │ família"    │  │             │  │ e situações"│
└─────────────┘  └─────────────┘  └─────────────┘  └─────────────┘
```

A primeira parte, "Luzes e sombras", apresenta a preocupação da Igreja com as situações nas quais o matrimônio e a família estão hoje inseridos. Salienta que, na atualidade, as famílias apresentam aspectos positivos, sinal "da salvação de Cristo operante no mundo", e negativos, que constituem a expressão "da recusa que o homem faz ao amor de Deus" (FC, n. 6). Nestes, muitas vezes, está corrompida a ideia de liberdade, entendida, de forma egoísta, como força autônoma de autoafirmação.

Assim, o documento destaca alguns sinais preocupantes, como a difusão do divórcio, o estabelecimento de novas uniões após o rompimento da aliança matrimonial, a aceitação da união exclusivamente civil, a celebração do matrimônio sem uma fé viva e a recusa dos princípios e das normas morais que regulam o comportamento humano em relação à vivência da sexualidade no matrimônio (FC, n. 7-8). Por isso, propõe como caminho – não apenas espiritual, mas também metodológico – para a estruturação do próprio documento, uma conversão gradual que, por meio do princípio da inculturação, possa retornar ao princípio do ensinamento do próprio Cristo (FC, n. 10).

Já a segunda parte, "O desígnio de Deus sobre o matrimônio e sobre a família", discorre acerca da doutrina do matrimônio e da vivência familiar. Salienta que o amor é a vocação originária e fundamental do ser humano (FC, n. 11) e pontua que há dois modos pelos quais esta pode ser vivenciada: por meio da virgindade e do matrimônio. Este último é a expressão da comunhão entre Deus e os seres humanos, é o modelo segundo o qual a relação de amor deve existir entre os esposos. Conforme as palavras da exortação em foco:

> A comunhão de amor entre Deus e os homens, conteúdo fundamental da Revelação e da experiência de fé de Israel, encontra uma significativa expressão na aliança nupcial, que se instaura entre o homem e a mulher.
>
> É por isto que a palavra central da Revelação, "Deus ama o seu povo", é também pronunciada através das palavras vivas e concretas com que o homem e a mulher se declaram o seu amor conjugal. O seu vínculo de amor torna-se a imagem e o símbolo da Aliança que une Deus e o seu povo. (FC, n. 12)

A comunhão de amor entre Deus e os seres humanos tem pleno cumprimento em Cristo, esposo da Igreja, no qual a realidade do matrimônio é um sinal efetivo de salvação. Assim, tendo em vista a "sacramentalidade do seu matrimónio, os esposos estão vinculados um ao outro da maneira mais profundamente indissolúvel. A sua pertença recíproca é a representação real, através do sinal sacramental, da mesma relação de Cristo com a Igreja" (FC, n. 13).

A *Familiaris Consortio* apresenta também o matrimônio como fundamento da família, tendo em vista que está ordenado para a procriação e educação da prole. Assim, "os cônjuges, enquanto se doam entre si, doam para além de si mesmo a realidade do filho, reflexo vivo do seu amor, sinal permanente da unidade conjugal e síntese viva e indissociável do ser pai e mãe" (FC, n. 14). Nesse sentido, a educação dos filhos tem como finalidade a inserção da pessoa humana na comunidade eclesial:

> O matrimónio e a família dos cristãos edificam a Igreja: na família, de facto, a pessoa humana não só é gerada e progressivamente

introduzida, mediante a educação, na comunidade humana, mas mediante a regeneração do batismo e a educação na fé, é introduzida também na família de Deus, que é a Igreja. (FC, n. 15)

A terceira parte da exortação, denominada "Os deveres da família cristã", expõe os pressupostos para a vivência familiar cristã. Partindo do princípio de que a finalidade da família é tornar-se uma comunidade de vida e amor, ela tem como missão "guardar, revelar e comunicar o amor qual reflexo vivo e participação real do amor de Deus pela humanidade e do amor de Cristo pela Igreja" (FC, n. 17).

Nesse sentido, a família tem quatro deveres básicos:

1. a formação de uma comunidade de pessoas;
2. o serviço à vida;
3. a participação no desenvolvimento da sociedade;
4. a participação na vida e na missão da Igreja. (FC, n. 17)

No que tange à vida matrimonial, destacamos que o amor, que é princípio e vínculo de comunhão (FC, n. 18), exige dos esposos uma complementariedade natural que se baseia na fidelidade e na indissolubilidade da união (FC, n. 20).

Aprofundando...

A família, fundada e vivificada pelo amor, é uma comunidade de pessoas: dos esposos, homem e mulher, dos pais e dos filhos, dos parentes. A sua primeira tarefa é a de viver fielmente a realidade da comunhão num constante empenho por fazer crescer uma autêntica comunidade de pessoas.

[...]

O amor entre o homem e a mulher no matrimónio e, de forma derivada e ampla, o amor entre os membros da mesma família – entre pais e filhos, entre irmãos e irmãs, entre parentes e familiares –

é animado e impelido por um dinamismo interior e incessante, que conduz a família a uma *comunhão* sempre mais profunda e intensa, fundamento e alma da *comunidade* conjugal e familiar.

A primeira comunhão é a que se instaura e desenvolve entre os cônjuges: em virtude do pacto de amor conjugal, o homem e a mulher "já não são dois, mas uma só carne" e são chamados a crescer continuamente nesta comunhão através da fidelidade quotidiana à promessa matrimonial do recíproco dom total.

Esta comunhão conjugal radica-se na complementariedade natural que existe entre o homem e a mulher e alimenta-se mediante a vontade pessoal dos esposos de condividir, num projecto de vida integral, o que têm e o que são: por isso, tal comunhão é fruto e sinal de uma exigência profundamente humana. Porém, em Cristo, Deus assume esta exigência humana, confirma-a, purifica-a e eleva-a, conduzindo-a à perfeição com o sacramento do matrimónio: o Espírito Santo infuso na celebração sacramental oferece aos esposos cristãos o dom de uma comunidade nova, de amor, que é a imagem viva e real daquela unidade singularíssima, que torna a Igreja o indivisível Corpo Místico do Senhor.

[...]

A comunhão conjugal caracteriza-se não só pela unidade, mas também pela sua indissolubilidade: "Esta união íntima, já que é dom recíproco de duas pessoas, exige, do mesmo modo que o bem dos filhos, a inteira fidelidade dos cônjuges e a indissolubilidade da sua união".

[...]

Radicada na doação pessoal e total dos cônjuges e exigida pelo bem dos filhos, a indissolubilidade do matrimónio encontra a sua verdade última no desígnio que Deus manifestou na Revelação: Ele quer e concede a indissolubilidade matrimonial como fruto, sinal e

> exigência do amor absolutamente fiel que Deus Pai manifesta pelo homem e que Cristo vive para com a Igreja.
> [...]
> O dom do sacramento é, ao mesmo tempo, vocação e dever dos esposos cristãos, para que permaneçam fiéis um ao outro para sempre, para além de todas as provas e dificuldades, em generosa obediência à santa vontade do Senhor: "O que Deus uniu, não o separe o homem".
> [...]
> A comunhão conjugal constitui o fundamento sobre o qual se continua a edificar a mais ampla comunhão da família: dos pais e dos filhos, dos irmãos e das irmãs entre si, dos parentes e de outros familiares.
> Tal comunhão radica-se nos laços naturais da carne e do sangue, e desenvolve-se encontrando o seu aperfeiçoamento propriamente humano na instauração e maturação dos laços ainda mais profundos e ricos do espírito: o amor, que anima as relações interpessoais dos diversos membros da família, constitui a força interior que plasma e vivifica a comunhão e a comunidade familiar. (FC, n. 18-21, grifo do original).

Por fim, a quarta parte, "A pastoral familiar: etapas, estruturas, responsáveis e situações", apresenta as bases para o desenvolvimento de uma pastoral orgânica junto às famílias, salientando a urgência de tal intervenção (FC, n. 65). Entendendo o processo de atuação da pastoral como progressivo, o texto destaca que tal processo não pode ser realizado apenas com a intenção de receber o sacramento do matrimônio. Assim, ela propõe um itinerário que inclua períodos de formação específicos, denominados pela Exortação de *remota*, *próxima* e *imediata*. Iniciando pelo contexto familiar e pela participação eclesial, deve-se fomentar "a estima por todo o valor humano autêntico, quer nas relações interpessoais, quer nas sociais, [...] para o domínio e reto uso das inclinações próprias" (FC, n. 66).

Perpassando o contexto de preparação próximo ao sacramento, a comunidade eclesial deve, por meio de um itinerário catecumenal, formar para a vida sacramental e espiritual, aprofundando temas como sexualidade conjugal e paternidade responsável. A preparação que precede as núpcias deve ter como objetivo "incluir uma profunda consciência do mistério de Cristo e da Igreja, dos significados de graça e de responsabilidade do matrimónio cristão" (FC, n. 66).

A *Familiaris Consortio* salienta, da mesma forma, a importância de um acompanhamento pós-matrimonial, que se constitui "no empenho de todos os membros da comunidade eclesial local em ajudar a casal a descobrir e a viver a sua nova vocação e missão" (FC, n. 69), sobretudo no que tange às famílias jovens, que podem estar mais vulneráveis a eventuais dificuldades oriundas da adaptação da vida em comum (FC, n. 69).

A exortação apresenta também a estrutura que a ação pastoral com as famílias deve adotar. Em primeiro lugar, deixa claro que ela deve ser orgânica: "Nenhum plano de pastoral orgânica, a qualquer nível que seja, pode prescindir da pastoral da família" (FC, n. 70). Ao mesmo tempo, afirma que a estrutura diocesana ou ainda a paróquia são os lugares nos quais essa ação deve ser operacionalizada de forma mais imediata e eficaz. Ela também apresenta as diferentes associações de famílias que desenvolvem seu trabalho pastoral no seio da Igreja; entretanto, ressalta a necessidade da unidade da Igreja como um todo: "A comunhão com a Igreja universal não mortifica, mas garante e promove a consistência e originalidade das diversas Igrejas particulares" (FC, n. 70), que se mantêm unidas graças a uma doutrina que deve ser disseminada mediante formação específica.

A exortação relaciona também os diferentes sujeitos responsáveis pela ação pastoral, entre eles bispos, presbíteros (sacerdotes e diáconos), consagrados (religiosos e religiosas), leigos que tenham conhecimentos específicos relacionados ao matrimônio e à vida familiar e pessoas ligadas aos meios de comunicação de massa que possam ter influência benéfica sobre a vida das famílias (FC, n. 73-76).

Por fim, o documento dá orientações referentes aos casos que classifica como *difíceis*, tendo em vista que estão em desacordo com a doutrina da Igreja ou se referem a circunstâncias particulares. Neste último caso, a exortação destaca uma série de situações que devem receber a atenção das pessoas que desenvolvem atividade pastoral com as famílias. Entre elas, podemos citar as famílias:

- dos emigrantes por motivos de trabalho;
- que vivem alienação parental aleatória (ausências longas);
- dos presos, fugitivos e exilados;
- que vivem marginalizadas nas grandes cidades;
- incompletas ou "monoparentais";
- com filhos com deficiência ou usuários de drogas;
- dos viciados em bebidas alcoólicas;
- discriminadas por motivos políticos ou por outras razões;
- ideologicamente divididas;
- que sofrem violência ou tratamentos injustos por causa da própria fé (FC, n. 77).

Em sua breve conclusão, a exortação *Familiaris Consortio* pondera a importância da família na história da salvação, para a Igreja e para a sociedade, e ressalta que o futuro da humanidade passa por ela. Assim, tanto a família quanto o matrimônio que a pressupõe devem ser amados, estimados e cuidados pela comunidade eclesial.

3.3.2 *Gratissimam Sane*: carta do Papa João Paulo II às famílias

A Organização das Nações Unidas (ONU) proclamou 1994 como o Ano Internacional da Família. Tendo como tema *Família, capacidades e responsabilidades em um mundo em transformação*, uma série de atividades foram desenvolvidas com o objetivo de levar os indivíduos a refletir acerca das diversas perspectivas em que esse núcleo social estava inserido. Nesse contexto, houve também a celebração do Ano da Família em toda a Igreja, ocasião na qual o Papa João Paulo II publicou a *Gratissimam Sane*, carta destinada às famílias.

Na introdução, o Santo Padre não apenas contextualiza o momento que o mundo estava vivendo como também faz uma acolhida "a cada família concreta de cada região da terra, qualquer que seja a longitude e latitude geográfica onde se encontre, ou a diversidade e complexidade da sua cultura e da sua história" (CGS[8], n. 4).

Nessa carta, o Papa afirma ser a família uma comunidade de pessoas que constitui a "célula fundamental da sociedade". Frisa que a vida de oração "reforça a estabilidade e a solidez espiritual da família, ajudando a fazer com que esta participe da 'fortaleza' de Deus" (CGS, n. 4). A família tem seu início na comunhão conjugal, por meio da qual homem e mulher mutuamente se dão e recebem um ao outro. Nesse ponto, encontramos profunda correlação entre os conceitos de **comunhão** e **comunidade**:

> A **comunhão** diz respeito à relação pessoal entre o "eu" e o "tu". A **comunidade**, pelo contrário, supera este esquema na direção de uma "sociedade", de um "nós". A família, comunidade de pessoas, é, pois, a primeira "sociedade" humana. Ela surge no momento em que se realiza a aliança do matrimônio, que abre os cônjuges a uma

---

8 CGS – Carta do Papa João Paulo II às famílias *Gratissimam Sane*. Disponível em: <https://w2.vatican.va/content/john-paul-ii/pt/letters/1994/documents/hf_jp-ii_let_02021994_families.html>. Acesso em: 24 jan. 2018.

> perene comunhão de amor e de vida, e completa-se plenamente e de modo específico com a geração dos filhos: a "comunhão" dos cônjuges dá início à "comunidade" familiar. A "comunidade" familiar está totalmente permeada daquilo que constitui a essência própria da "comunhão". (CGS, n. 7)

Tal comunhão também é o fundamento da união matrimonial, pois, apesar de serem dois sujeitos diferentes, homem e mulher "participam de modo igual na capacidade de viver 'na verdade e no amor'" (CGS, n. 8). Essa união, fruto da aliança conjugal, proporciona aos cônjuges a possibilidade da abertura não apenas para uma nova vida, mas para a doação da sua. Aqui encontramos a beleza e a profundidade do sacramento do matrimônio, que é a experiência do mistério de Deus a vincular suas naturezas, tornando-os uma só carne.

Fundamentando-se na epístola de Paulo aos Efésios, na qual encontramos como modelo a relação amorosa de Cristo com a Igreja, a *Gratissimam Sane* define a vivência matrimonial como experiência do mistério. A própria família é o grande mistério de Deus. Como Igreja doméstica, ela é a esposa de Cristo. Nela se revela o amor conjugal, paterno e materno, fraterno, amor de uma comunidade de pessoas e gerações.

Aprofundando...

A Igreja professa que o matrimônio, como sacramento da aliança dos esposos, é um "grande mistério", porque nele se exprime o *amor esponsal de Cristo pela sua Igreja*. Escreve S. Paulo: "Maridos, amai as vossas mulheres como também Cristo amou a Igreja, e por ela Se entregou, para a santificar, purificando-a no baptismo da água pela palavra da vida" (Ef 5,25-26). O Apóstolo fala aqui do Baptismo, de que trata amplamente na Carta aos Romanos, apresentando-o como participação na morte de Cristo para partilhar da sua vida. [...]

Assim, o Esposo é o próprio Deus que se fez homem. Na Antiga Aliança, Jahvé apresenta-se como o Esposo de Israel, povo eleito: um Esposo terno e exigente, ciumento e fiel. Todas as traições, deserções e idolatrias de Israel, descritas dramática e sugestivamente pelos Profetas, não conseguem apagar o amor com que *Deus-Esposo* "ama até ao fim".

A confirmação e o cumprimento da comunhão esponsal entre Deus e o seu povo verificam-se em Cristo, na Nova Aliança. Jesus assegura-nos que o Esposo está conosco (cf. Mt 9,15). Está com todos nós, está com a Igreja. *A Igreja torna-se esposa:* esposa de Cristo. [...]

[...]

Depois de ter dito: "Maridos, amai as vossas mulheres" (Ef 5,25), S. Paulo, numa expressão ainda mais vigorosa, acrescenta: "Assim, os maridos devem amar as suas mulheres, como aos seus próprios corpos. Aquele que ama a sua mulher, ama-se a si mesmo. Porque ninguém jamais aborreceu a sua própria carne; pelo contrário, nutre-a e cuida dela, como também Cristo faz à sua Igreja, pois todos somos membros do seu corpo" (Ef 5,28-30). E exorta os cônjuges com as seguintes palavras: "Sujeitai-vos uns aos outros no temor de Cristo" (Ef 5,21).

Esta é, por certo, uma apresentação nova da verdade eterna acerca do matrimónio e da família, à luz da Nova Aliança. Cristo revelou-a no Evangelho, com a sua presença em Caná da Galileia, com o sacrifício da Cruz e os Sacramentos da sua Igreja. Assim os cônjuges encontram em Cristo o *ponto de referência para o seu amor esponsal*. Ao falar de Cristo Esposo da Igreja, é de modo analógico que S. Paulo se refere ao amor esponsal. Ele reenvia ao livro do Gênesis: "O homem deixará o pai e a mãe para se unir à sua mulher; e os dois serão uma só carne" (Gn 2,24). Eis o "grande mistério" do eterno amor já presente na criação, revelado em Cristo e confiado à Igreja.

> "É grande este mistério – repete o Apóstolo; digo-o, porém, em relação a Cristo e à Igreja" (Ef 5,32). Portanto, não se pode compreender a Igreja como Corpo místico de Cristo, como sinal da Aliança do homem com Deus em Cristo, como sacramento universal de salvação, sem fazer referência ao "grande mistério", associado à criação do ser humano como homem e mulher e à vocação de ambos ao amor conjugal, à paternidade e à maternidade. Não existe o "grande mistério", que é a Igreja e a humanidade em Cristo, sem o "grande mistério" expresso no ser "uma só carne" (cf. Gn 2,24; Ef 5,31-32), isto é, na realidade do matrimônio e da família (CGS, n. 19, grifo do original).

Ao fim da *Gratissimam Sane*, o Papa João Paulo II enfatiza a necessidade de as famílias buscarem viver conforme o mistério de Deus e, consequentemente, seguindo os valores do Evangelho. Tendo em vista seu papel fundante na sociedade, a família se encontra no centro do combate contra as forças que se opõem à vida e ao bem comum (CGS, n. 23).

Síntese

Neste capítulo nos dedicamos a apresentar os fundamentos que pressupõem a teologia acerca do matrimônio. Para tanto, abordamos três fontes consideradas essenciais: a Sagrada Escritura, os documentos do Concílio Vaticano II e os documentos pós-conciliares que versam sobre esse sacramento.

Na Sagrada Escritura, os três princípios com base nos quais podemos refletir sobre a temática do matrimônio são a complementariedade, a sacralidade e a indissolubilidade dessa instituição. Ao analisar diferentes passagens do Antigo e do Novo Testamento, percebemos as formas e as linguagens por meio das quais a relação conjugal é apresentada como obra do próprio Deus, que, inserida no mistério de Cristo, recebe o dom da sacramentalidade.

Posteriormente, demonstramos que o Concílio Vaticano II entende o matrimônio – baseado no amor conjugal, dom da graça e tarefa mútua – como princípio e fundamento da sociedade humana. Além disso, verificamos que o Concílio salienta que a vivência do matrimônio proporciona o ordenamento para a procriação e a educação dos filhos.

Por fim, analisamos como dois documentos pós-conciliares – a exortação apostólica *Familiaris Consortio* e a carta destinada às famílias *Gratissimam Sane* – abordam a temática do matrimônio. Em ambas percebemos uma preocupação da Igreja com a correta compreensão e vivência do referido sacramento, fundamento da vida familiar. Na *Familiaris Consortio* salienta-se a importância da vivência do amor conjugal e de uma atuação pastoral orgânica junto às famílias. Na *Gratissimam Sane*, por meio do mistério de amor de Cristo pela Igreja, o matrimônio é exaltado em sua sacramentalidade, e é com base nela que os fiéis são exortados a viver fielmente suas vocações.

Indicação cultural

O documento que indicamos a seguir apresenta, considerando os desafios atuais de nossa sociedade, uma profunda reflexão sobre o matrimônio e a vida familiar.

JOÃO PAULO II, Papa. **Gratissimam Sane**. Roma, 2 fev. 1994. Disponível em: <https://w2.vatican.va/content/john-paul-ii/pt/letters/1994/documents/hf_jp-ii_let_02021994_families.html>. Acesso em: 7 fev. 2018.

Atividades de autoavaliação

1. Acerca do tema *matrimônio* foi desenvolvida uma ampla e profunda reflexão teológica que considerou sua constituição, sua função e os desafios que enfrenta atualmente na sociedade. Isso se deve à

importância que lhe é atribuída. No que diz respeito ao matrimônio e a sua importância para a sociedade e para a Igreja, analise as afirmativas a seguir:

I. É um dos bens mais preciosos da humanidade.
II. É princípio e fundamento da sociedade humana.
III. Foi querido e desejado pelo próprio Deus.
IV. É uma comunhão de amor entre Deus e os homens.

Assinale a alternativa que apresenta as afirmativas corretas:
a) I, II e IV.
b) I, II e III.
c) II, III e IV.
d) III e IV.

2. Na Sagrada Escritura, o matrimônio é apresentado sob diferentes perspectivas que se relacionam ao processo de Aliança estabelecido por Deus com seu povo. Nelas, encontramos alguns princípios que são comuns e permeiam todas as argumentações do que constitui a essência do matrimônio. Quais são esses princípios?
a) Amor, sacralidade e complementariedade.
b) Fidelidade, complementariedade e indissolubilidade.
c) Indissolubilidade, sacralidade e fidelidade.
d) Complementariedade, sacralidade e indissolubilidade.

3. Nas reflexões sobre o matrimônio desenvolvidas pelo Concílio Vaticano II expressa-se uma profunda preocupação com as desordens morais que desrespeitam a integridade e a dignidade do matrimônio. A prática da poligamia, o aumento dos casos de divórcio, a realidade do amor livre, o hedonismo, as práticas ilícitas contra a geração de novas vidas são alguns dos comportamentos que merecem a atenção da Igreja. Sobre essa situação, os padres conciliares salientam

os princípios fundamentais da doutrina sobre o matrimônio. Sobre tais princípios, analise as afirmativas a seguir:

I. A indissolubilidade do matrimônio é fruto da união íntima que é dom de Deus.
II. A sacralidade do matrimônio tem em Deus seu autor.
III. A concretização do matrimônio ocorre apenas pelo desejo e pela vontade dos cônjuges.
IV. O amor mútuo é o vínculo fundamental do matrimônio, e por meio deste se torna viável a geração e a educação dos filhos.

Assinale a alternativa que apresenta as afirmativas corretas:
a) I, II e III.
b) II, III e IV.
c) I, II e IV.
d) II e IV.

4. A exortação apostólica *Familiaris Consortio* procura refletir, por meio da realidade social e eclesial, sobre a vocação matrimonial e a vida em família. Dividida em quatro grandes seções, ela analisa a situação atual da família no que diz respeito às demandas da sociedade. Em contraponto, apresenta a doutrina sobre o matrimônio e a vivência familiar e expõe os pressupostos para a vivência familiar cristã. Por fim, apresenta as bases para o desenvolvimento de uma pastoral familiar. Sobre os princípios pastorais apresentados, analise as afirmativas a seguir:

I. É entendido como uma pastoral orgânica que tem um método de atuação progressivo, não sendo realizada, portanto, apenas quando a pessoa manifesta o desejo de receber o sacramento do matrimônio.
II. Propõe um itinerário formativo, que inclui períodos de formação específicos, os quais se iniciam no seio familiar e na participação

na comunidade eclesial, perpassam um itinerário catecumenal e, por fim, realizam a preparação para as núpcias. A sacralidade do matrimônio tem em Deus seu autor.

III. Ressalta a importância do acompanhamento pós-matrimonial, que constitui um "empenho de todos os membros da comunidade eclesial local em ajudar a casal a descobrir e a viver a sua nova vocação e missão" (FC, n. 69).

IV. Afirma que cada comunidade, tendo em vista seu contexto social e pastoral, é autônoma para desenvolver suas atividades com as famílias.

Assinale a alternativa que apresenta as afirmativas corretas:
a) I, II e III.
b) II, III e IV.
c) I, II e IV.
d) II, e IV.

5. A *Gratissimam Sane* destaca a grande importância da família para a Igreja e para a sociedade por meio de uma expressão que lhe é peculiar:
a) "A família é o alicerce da Igreja".
b) "A família é a célula fundamental da sociedade".
c) "A família é o centro do coração de Deus".
d) "A Igreja é o amparo da família".

Atividades de aprendizagem

Questões para reflexão

1. Um dos princípios que fundamentam a concepção de matrimônio encontrada na Sagrada Escritura é o da indissolubilidade. Ele se fundamenta na perspectiva de que homem e mulher tornam-se uma só carne. Entretanto, isso somente é possível tendo em vista

o princípio da complementariedade, no qual ambos, homem e mulher, por assumirem a mesma natureza, passam a viver em comunhão de amor. Entretanto, isso é possível tendo em vista a bênção divina que confere ao matrimônio uma dimensão espiritual, a qual se fundamenta no princípio da sacralidade. Reflita sobre esse amplo olhar acerca do matrimônio que a Escritura nos oferece e elabore uma definição sobre tal vocação.

2. Na exortação apostólica *Familiaris Consortio*, o amor é apresentado como grande vínculo de comunhão matrimonial e familiar. Tendo como pressuposto que a família deve se tornar uma comunidade de vida e amor, ela tem como missão "guardar, revelar e comunicar o amor qual reflexo vivo e participação real do amor de Deus pela humanidade e do amor de Cristo pela Igreja" (FC, n. 17). Nessa perspectiva, reflita sobre quais são os deveres ou as tarefas que emanam dessa missão.

Atividade aplicada: prática

1. Como vimos, a exortação apostólica *Familiaris Consortio* salienta a importância da atuação das pastorais familiares, indicando algumas diretrizes de atuação. Pesquise o trabalho de uma pastoral familiar em qualquer nível eclesial (regional, diocese ou paróquia) e o analise com base nas orientações da referida exortação, buscando verificar como essa pastoral se estruturou.

4
Família e paternidade responsável[1]

---

[1] Todas as passagens bíblicas referidas neste capítulo foram extraídas de Bíblia (2017). Para as citações de documentos eclesiais diversos, usamos aqui siglas para sua identificação, seguidas do número do item correspondente. No tocante aos documentos eclesiais emitidos pelo Concílio Vaticano II, esclarecemos que podem ser consultados acessando-se a página eletrônica Documentos do Concílio Vaticano II, do *site* oficial La Santa Sede (2018). Para esses e outros documentos, emitidos por diferentes divisões do Vaticano, indicaremos os endereços eletrônicos específicos ao longo do capítulo.

Neste capítulo, trataremos de vários aspectos que integram a questão da paternidade responsável. Para tanto, explicaremos os princípios teológicos que fundamentam a doutrina da procriação, a qual é parte intrínseca da vocação matrimonial. Assim, faremos uma análise dos aspectos morais que envolvem a intervenção da ciência e da tecnologia no processo procriativo, buscando esclarecer o posicionamento da Igreja.

Posteriormente, discorreremos sobre a regulação da natalidade, tanto por via natural quanto pela utilização de métodos contraceptivos. Por fim, mostraremos como o planejamento familiar pode auxiliar no desenvolvimento da paternidade responsável.

4.1 Matrimônio e procriação na doutrina da Igreja

Como vimos no capítulo anterior, o matrimônio e o amor conjugal "ordenam-se por sua própria natureza à geração e educação da prole" (GS[2], n. 50). Deus, como autor do matrimônio, ao criar homem e mulher, abençoa-os dizendo: "multiplicai-vos e enchei a terra" (Gn 1,27-28), convidando-os a participar de forma livre e responsável em sua obra criadora. "Assim a tarefa fundamental da família é o serviço à vida. É realizar, através da história, a bênção originária do Criador, transmitindo a imagem divina pela geração de ser humano a ser humano" (FC[3], n. 28). Entendida dessa forma, a **fecundidade** é, em primeiro lugar, fruto e sinal do amor conjugal, constituindo-se testemunho de doação recíproca dos esposos.

Nessa perspectiva, "a Igreja ensina que qualquer ato matrimonial deve permanecer aberto à transmissão da vida" (HV[4], n. 11). Vale, então, recordarmos o princípio que fundamenta a concepção moral da Igreja: a lei divina-natural. A união dos esposos, realizada em casta intimidade

---

2 GS – Constituição pastoral *Gaudium et Spes*. Disponível em: <http://www.vatican.va/archive/hist_councils/ii_vatican_council/documents/vat-ii_const_19651207_gaudium-et-spes_po.html>. Acesso em: 23 jan. 2018.

3 FC – Exortação apostólica de João Paulo II *Familiaris Consortio*. Disponível em: <http://w2.vatican.va/content/john-paul-ii/pt/apost_exhortations/documents/hf_jp-ii_exh_19811122_familiaris-consortio.html>. Acesso em: 22 jan. 2018.

4 HV – Carta encíclica *Humanae Vitae*. Disponível em: <http://w2.vatican.va/content/paul-vi/pt/encyclicals/documents/hf_p-vi_enc_25071968_humanae-vitae.html>. Acesso em: 23 jan. 2018.

e fundamentada no amor conjugal, tende naturalmente a gerar novas vidas. A própria natureza impôs ao ser humano um ciclo reprodutivo que manifesta a possibilidade da geração da vida. Desse modo, marido e mulher devem estar dispostos e conscientes dessa sua vocação.

Aprofundando...

Segundo o desígnio de Deus, o matrimônio é o fundamento da mais ampla comunidade da família, pois que o próprio instituto do matrimónio e o amor conjugal se ordenam à procriação e educação da prole, na qual encontram a sua coroação.

Na sua realidade mais profunda, o amor é essencialmente dom e o amor conjugal, enquanto conduz os esposos ao "conhecimento" recíproco que os torna "uma só carne", não se esgota no interior do próprio casal, já que os habilita para a máxima doação possível, pela qual se tornam cooperadores com Deus no dom da vida a uma nova pessoa humana. Deste modo os cônjuges, enquanto se doam entre si, doam para além de si mesmos a realidade do filho, reflexo vivo do seu amor, sinal permanente da unidade conjugal e síntese viva e indissociável do ser pai e mãe.

Tornando-se pais, os esposos recebem de Deus o dom de uma nova responsabilidade. O seu amor paternal é chamado a tornar-se para os filhos o sinal visível do próprio amor de Deus, "do qual deriva toda a paternidade no céu e na terra". (FC, n. 14)

Outro aspecto importante a ser evidenciado é a **indissolubilidade entre a procriação e o ato unitivo dos cônjuges**. Segundo as leis inscritas na natureza humana, o ato conjugal, ao mesmo tempo que une profundamente os esposos em uma comunhão de amor, possibilita a geração de novas vidas, fruto de uma profunda doação mútua. Assim, resguardando a vinculação dessas duas realidades, conserva-se "integralmente o sentido de amor mútuo e verdadeiro e a sua ordenação para a altíssima vocação do homem para a paternidade" (HV, n. 12).

É salutar pontuar que existem diferentes grupos que reivindicam o direito à procriação, como as mulheres solteiras e os casais homossexuais[5]. Para a Igreja, esta somente é aceita no contexto da relação matrimonial, tendo em vista que é nela que os filhos podem "descobrir a própria identidade e amadurecer a própria formação humana" (IDV[6], n. II, A, 1).

Sobre essa situação, é oportuno abordarmos também o tema da procriação com o uso de técnicas de reprodução assistida, que, a partir da década de 1970, começaram a ser realizadas com seres humanos.

Esclarecendo...

Para que possamos compreender o posicionamento da Igreja com relação às técnicas de reprodução assistida, é deveras importante conhecermos quais são essas técnicas e como elas são realizadas. As técnicas de reprodução assistida podem ser classificadas de diferentes formas. Segundo Barchifontaine (2004), algumas utilizam métodos de baixa complexidade, como as de inseminação artificial; outras de alta complexidade, como a fertilização *in vitro*.

> As técnicas de **inseminação artificial** [...] têm como princípio a fecundação intracorpórea. Elas foram utilizadas inicialmente para resolver problemas de casais heterossexuais que possuíam

---

[5] No caso dos casais homossexuais, a reivindicação à procriação está diretamente relacionada à possibilidade de utilização das técnicas de reprodução assistida, principalmente a heteróloga, que utiliza gametas fruto de doação e, em alguns casos, fazem uso do que é popularmente conhecido como "barriga solidária", quando os gametas são implantados no útero de uma terceira pessoa para a gestação. Tal reivindicação e atitude são totalmente condenáveis pela moral católica, tendo em vista que não obedecem às leis naturais quanto à relação sexual, causam uma cisão entre o ato unitivo e procriador e ainda estabelecem a desvinculação do processo gestacional.

[6] IDV – Instrução *Donum Vitae* ou *Instrução sobre o respeito à vida humana nascente e a dignidade da procriação*. Disponível em: <http://www.vatican.va/roman_curia/congregations/cfaith/documents/rc_con_cfaith_doc_19870222_respect-for-human-life_po.html>. Acesso em: 7 fev. 2018.

> um fator masculino funcional de esterilidade, ou seja, o parceiro possuía sêmen fecundante. Tal técnica é conhecida como inseminação artificial homóloga. Nos casos em que o fator de esterilidade estava ligado à infecundidade do sêmen, a prática de doação deste material foi iniciada. Cabe salientar que esta técnica, chamada de heteróloga, é utilizada não somente no caso citado, mas também "pode ser utilizada como suplemento à falta ou ausência do fator masculino na concepção, nos casos de demanda de mulheres celibatárias e homossexuais". O segundo grupo de classificação, que compreende as técnicas de **fertilização in vitro**, foram originalmente pesquisadas com o objetivo de tratar esterilidades femininas provocadas por alterações estruturais no aparelho reprodutor, mais especificamente nas trompas, impossibilitando o encontro dos gametas. Nesta técnica as células reprodutivas, feminina e masculina, são coletadas e, por meio de um processo laboratorial, em meio de cultura, ocorre a fecundação, para a posterior transferência do embrião para o corpo da mulher. (Ruthes, 2011, p. 86)

Como decorrência da fertilização *in vitro*, nós temos o desenvolvimento de técnicas e tecnologias complementares, das quais pontuamos a **criopreservação**[7] de gametas e de embriões. No caso da preservação de gametas, inúmeras são as finalidades: preservação do sêmen tendo em vista a idade avançada; doença que possa vir a causar infertilidade (como neoplasias); no caso dos homens, intervenção cirúrgica para inviabilizar a concepção de filhos (vasectomia); ou ainda doação de gametas. No que tange aos embriões, fruto da fertilização excessiva *in vitro*, estes são preservados tendo em vista futuras possibilidades de implantação, tanto homóloga quanto heteróloga (Corrêa, 2001).

---

[7] É um processo que utiliza nitrogênio líquido para a preservação de células e tecidos biológicos por meio de congelamento a temperaturas em torno de 196 °C negativos.

Compreendendo um pouco mais o que são e como podem ser utilizadas as técnicas de reprodução assistida, podemos nos aprofundar na reflexão desenvolvida pela Igreja acerca de seu uso e de suas consequências. Em 1987, tendo como objetivo orientar acerca das tecnologias de inseminação artificial e assuntos correlatos, a Igreja promulgou a instrução *Donum Vitae* ou *Instrução sobre o respeito à vida nascente e a dignidade da procriação*. Ela está estruturada da seguinte forma:

> uma introdução recordará os princípios fundamentais de caráter antropológico e moral necessários para uma adequada avaliação dos problemas e para a elaboração das respostas a tais questões; a primeira parte terá como tema o respeito pelo ser humano a partir do primeiro momento da sua existência; a segunda parte abordará as questões morais suscitadas pelas intervenções da técnica na procriação humana; na terceira parte serão oferecidas algumas orientações quanto às relações que sobrevêm entre lei moral e lei civil, a propósito do respeito devido aos embriões e fetos humanos, com relação à legitimidade das técnicas de procriação artificial. (IDV, Preâmbulo)

Tendo em vista esse itinerário argumentativo, o documento afirma em sua introdução: "O dom da vida que Deus Criador e Pai confiou ao homem, exige que este tome consciência do seu valor inestimável e assuma a responsabilidade do mesmo" (IDV, Intr. 1). Sendo, portanto, o ser humano responsável pela vida, e esta entendida em toda a sua complexidade, é importante salientar que a missão recebida de dominar a terra seja entendida com base em uma dimensão ética (IDV, Intr. 2).

Ao entender o desenvolvimento científico e tecnológico como expressão do senhorio do ser humano sobre a natureza, o documento destaca a necessidade de prudência diante da "tentação de ultrapassar os limites de um domínio razoável sobre a natureza" (IDV, Intr. 1). Portanto, para a Igreja, a ciência e a técnica exigem o respeito incondicionado aos critérios fundamentais da moralidade: isto é, devem estar a serviço da pessoa humana, dos seus direitos inalienáveis e do seu bem verdadeiro e integral, segundo o plano e a vontade de Deus (IDV, Intr. 2).

O documento retoma os princípios da antropologia (conforme explicitamos no Capítulo 2), reafirma que o ser humano é uma totalidade unificada e que as intervenções realizadas sobre o corpo humano afetam a pessoa em sua integralidade (IDV, Intr. 3). Resgata também a concepção de que o fundamento da moral está na lei divina-natural imputada por Deus na realidade (IDV, Intr. 3) e afirma que a transmissão da vida está relacionada à união matrimonial que se dá por meio do ato sexual. Este é entendido de forma "indissoluvelmente corporal e espiritual", sendo, portanto, "a origem do ser humano o resultado de uma procriação 'ligada à união não somente biológica mas também espiritual dos pais ligados pelo vínculo do matrimônio'" (IDV, II, B, 4b). Assim, como afirma Ruthes (2011, p. 98), "o ato unitivo e o procriativo são fundamentais na compreensão do início da vida. Portanto, na ausência de qualquer um deles o ato de gerar a vida não está conforme a natureza designada por Deus".

Tendo em vista esses dois pressupostos, a instrução *Donum Vitae* considera condenáveis todas as tecnologias reprodutivas, todos os métodos de inseminação artificial e os de fertilização *in vitro*, tendo em vista dois aspectos fundamentais:

1. A desvinculação do sentido unitivo e procriativo do ato sexual. Relegando o segundo sentido a uma dimensão tecnológica, o ato fundante da existência da prole não é a doação mútua dos pais, mas a intervenção técnica (IDV, II, B, 4).
2. O reducionismo da vida, fazendo a técnica passar a ter o domínio sobre a origem e a destinação da pessoa. Esta se torna objeto da ciência, e não fruto da acolhida e doação mútua dos pais (IDV, II, B, 4).

> ### Importante!
>
> Algumas práticas decorrentes das técnicas de reprodução assistida também são abordadas pela instrução *Donum Vitae*. Entre elas, algumas têm um impacto muito profundo no contexto familiar, como a doação de gametas ou embriões e o empréstimo ou a comercialização do útero.
>
> As duas primeiras práticas são realizadas no processo de inseminação ou fertilização heteróloga, na qual um dos cônjuges é estéril. A terceira, por sua vez, pode ser realizada nesse contexto ou como fruto de uma fertilização homóloga.
>
> Todas, além de contrariar os dois critérios descritos anteriormente, desvinculam a parentalidade, podendo vir a causar sérios problemas ulteriores (IDV, II, A, 2). Nesse sentido, a Igreja não apenas condena tal ação (IDV, Intr. 2), como também orienta o Poder Público a não legalizar esse tipo de atividade (IDV, III).

Nesse ponto, poderíamos fazer uma pergunta: Como pensar o sofrimento dos esposos que vivem a realidade da esterilidade? Em primeiro lugar, é relevante esclarecermos que essa questão não é apenas pastoral, mas também teológica. Como afirma a exortação apostólica pós-sinodal *Amoris Laetitia*, do Papa Francisco:

> Uma coisa é compreender a fragilidade humana ou a complexidade da vida, e outra é aceitar ideologias que pretendem dividir em dois os aspectos inseparáveis da realidade. Não caiamos no pecado de pretender substituir-nos ao Criador. Somos criaturas, não somos onipotentes. A criação precede-nos e deve ser recebida como um dom. Ao mesmo tempo somos chamados a guardar a nossa humanidade, e isto significa, antes de tudo, aceitá-la e respeitá-la como ela foi criada. (AL[8], n. 56)

---

8 AL – Exortação apostólica pós-sinodal *Amoris Laetitia*. Disponível em: <http://w2.vatican.va/content/francesco/pt/apost_exhortations/documents/papa-francesco_esortazione-ap_20160319_amoris-laetitia.html>. Acesso em: 25 jan. 2018.

A paternidade e a maternidade são com um dom. Cabe lembrarmos, porém, que isso não é um direito, objeto ou propriedade, mas uma missão à qual o homem e a mulher – devidamente unidos em matrimônio – são chamados. "Todavia, o matrimônio não confere aos esposos um direito a ter um filho, mas tão somente o direito a realizar aqueles atos naturais que, de per si, são ordenados à procriação" (IDV, II, B, 8). O filho, por sua vez, tem o direito de ser "o fruto do ato específico do amor conjugal dos seus pais e tem também o direito de ser respeitado como pessoa desde o momento da sua concepção" (IDV, II, B, 8).

Entretanto, a dor e o sofrimento gerados pela esterilidade são entendidos pela Igreja como uma dura provação. Com esses casais, a comunidade eclesial é chamada a desenvolver um profundo trabalho pastoral de ressignificação da vida conjugal que não perde seu "valor e indissolubilidade, como comunidade e comunhão de toda a vida" (GS, n. 50). A exortação *Familiaris Consortio* apresenta esse estado de vida como possibilidade de ser ocasião de outros serviços importantes à vida, à sociedade e à comunidade eclesial, como a adoção, o auxílio em obras educativas, a ajuda a outras famílias e às crianças empobrecidas e/ou com deficiência (FC, n. 14).

4.2 Contracepção e magistério da Igreja

Ao abordarmos a temática da contracepção, é importante recordamos que o princípio em que a Igreja fundamenta sua análise moral é o da lei divina-natural (HV, n. 4). Assim, como já comentamos, os princípios relacionados à procriação devem estar pautados no ordenamento que Deus imputou na realidade para que uma nova vida fosse gerada.

Tais princípios, fundamentados em uma visão integral do ser humano, apontam para a conexão inseparável entre o significado unitivo e procriativo do ato conjugal, que contém em si o chamado para a cooperação na obra criadora de Deus pela transmissão do dom da vida humana (FC, n. 32). Os atos que unem os esposos em "casta intimidade são honestos e dignos" e integram a doação mútua por meio da qual se ordena a procriação. Assim, mesmo que nem todo ato conjugal resulte em uma nova vida, essa vocação deve ser exercida com responsabilidade; por esse motivo, a relação matrimonial deverá sempre estar aberta à geração da vida (FC, n. 28).

Entretanto, a Igreja não condena que os esposos estruturem um planejamento familiar. Ela orienta que, caso haja necessidade de se fazer uma regulação da natalidade a fim de evitar os nascimentos, deve-se ter em conta a natureza das funções geradoras. Por meio delas, a pessoa pode fazer uso dos períodos infecundos para o relacionamento matrimonial sem ofender a ordem moral (HV, n. 16). Essa atitude, feita na liberdade, cria laços de respeito e ternura mútua:

> Quando [...] os cônjuges, mediante o recurso a períodos de infecundidade, respeitam a conexão indivisível dos significados unitivo e procriativo da sexualidade humana, comportam-se como "ministros" de plano de Deus e "usufruem" da sexualidade segundo o dinamismo originário da doação "total", sem manipulações e alterações. (FC, n. 32)

Esclarecendo...

Existem várias formas de realizar a regulação da natalidade respeitando a natureza das funções geradoras. Em especial, citamos três desses métodos, a saber:

- **Muco cervical:** Conhecido como *Método Billings*, consiste na observação diária do muco cervical (secreção produzida pelo útero que tem a finalidade de proteger o órgão genital da mulher), cujo aspecto se modifica conforme o período de fertilidade.
- **Temperatura basal:** A temperatura do corpo da mulher tem uma elevação nos períodos de fertilidade. Assim, esse método consiste no monitoramento da temperatura corporal para a identificação dos dias de ovulação.
- **Controle do ciclo menstrual:** Conhecido popularmente como "tabelinha", esse método busca identificar os dias de fertilidade, que são contados a partir do 14º dia após a menstruação.

Existem diferentes possibilidades de regulação da natalidade que utilizam meios artificiais para atingir seus objetivos. Elas são utilizadas há séculos pelos seres humanos, mas foram cientificamente desenvolvidas, produzidas e indicadas terapeuticamente a partir de meados do século XX.

Esclarecendo...

Diferentes métodos de contracepção são utilizados atualmente. Eles podem ser enquadrados nas seguintes classes:
- **Contraceptivos hormonais:** Compostos por um ou mais hormônios que, combinados, coíbem ou suspendem a ovulação, ou ainda impedem a liberação do óvulo pelo ovário. Os mais conhecidos são: pílulas, injeções, adesivos, implantes subcutâneos e anéis vaginais. Outro método anticoncepcional de caráter hormonal é a pílula do dia seguinte. Ela não tem caráter preventivo, como os citados anteriormente, mas é utilizada após relações sexuais e tem a função de impedir que uma gravidez se inicie.

- **Contraceptivos de barreira**: Utilizados de modo preventivo a uma gravidez, impedem que os espermatozoides cheguem até o óvulo, consequentemente, evitando toda e qualquer possibilidade de fecundação. Dentre os anticoncepcionais de barreira os mais conhecidos são os preservativos masculino e feminino, todavia o diafragma e o dispositivo intrauterino (DIU) são muito utilizados também.
- **Métodos contraceptivos cirúrgicos**: Também conhecidos como *métodos de esterilização*, visam bloquear o encontro dos gametas masculino e feminino. O procedimento mais utilizado pelos homens é a vasectomia, que pode ter caráter reversivo. Ela consiste em estabelecer uma cisão nos ductos que conduzem os espermatozoides, impossibilitando a passagem deles. No caso das mulheres, o método mais utilizado é a laqueadura, que consiste no corte das tubas uterinas, para bloquear os gametas masculinos e impedir, assim, a fecundação. De caráter permanente, este pode ser reversível, entretanto as condições de realização da cirurgia e a saúde da mulher são critérios muito importantes (Rotania, 2003).

Essas medidas de regulação podem ser entendidas como "ação que, ou em previsão do ato conjugal, ou durante a sua realização, ou também durante o desenvolvimento das suas consequências naturais, se proponha, como fim ou como meio, tornar impossível a procriação" (HV, n. 14). Em síntese, esses métodos contrariam os princípios da natureza humana, pois representam um processo de interferência direta que pretende prevenir ou impedir a possibilidade da geração da vida.

Aprofundando...

A Igreja é coerente consigo própria, quando assim considera lícito o recurso aos períodos infecundos, ao mesmo tempo que condena sempre como ilícito o uso dos meios diretamente contrários à fecundação, mesmo que tal uso seja inspirado em razões que podem aparecer honestas e sérias. Na realidade, entre os dois casos existe uma diferença essencial: no primeiro, os cônjuges usufruem legitimamente de uma disposição natural; enquanto que no segundo, eles impedem o desenvolvimento dos processos naturais. É verdade que em ambos os casos os cônjuges estão de acordo na vontade positiva de evitar a prole, por razões plausíveis, procurando ter a segurança de que ela não virá; mas, é verdade também que, somente no primeiro caso eles sabem renunciar ao uso do matrimônio nos períodos fecundos, quando, por motivos justos, a procriação não é desejável, dele usando depois nos períodos agenésicos, como manifestação de afeto e como salvaguarda da fidelidade mútua. Procedendo assim, eles dão prova de amor verdadeira e integralmente honesto. (HV, n. 16)

Tal comportamento, derivado de uma recusa consciente de abertura à vida, é também uma falsificação da verdade interior do próprio amor conjugal, que é vocacionado à doação total (FC, n. 32). Nesse sentido, trata-se de uma prática contraditória:

> um ato de amor recíproco, que prejudique a disponibilidade para transmitir a vida que Deus Criador de todas as coisas nele inseriu segundo leis particulares, está em contradição com o desígnio constitutivo do casamento e com a vontade do Autor da vida humana. Usar deste dom divino, destruindo o seu significado e a sua finalidade, ainda que só parcialmente, é estar em contradição com a natureza do homem, bem como com a da mulher e da sua

relação mais íntima; e, por conseguinte, é estar em contradição com o plano de Deus e com a sua vontade. (HV, n. 13)

Desse modo, a Igreja posiciona-se de forma contrária a toda e qualquer regulação de natalidade que seja realizada por meio da utilização de métodos artificiais, que desrespeitem os princípios geradores da natureza. Da mesma forma, opõe-se à esterilização direta, quer perpétua, quer temporária, de qualquer pessoa (HV, n. 14).

Importante!

A Igreja [...] não considera ilícito o recurso aos meios terapêuticos, verdadeiramente necessários para curar doenças do organismo, ainda que daí venha a resultar um impedimento, mesmo previsto, à procriação, desde que tal impedimento não seja, por motivo nenhum, querido diretamente. (HV, n. 15)

A Igreja ainda alerta para as consequências desse processo de falsificação e de instrumentalização do amor conjugal, pontuando alguns aspectos como: favorecimento para comportamentos de infidelidade conjugal e para a degradação da moralidade; e redução do respeito à mulher, tornando-a um meio de obtenção de prazer, sem a devida atenção a seu equilíbrio físico e psicológico (HV, n. 17).

Percebemos assim que, mesmo tendo a possibilidade de realizar a regulação da vida, o ser humano deve "reconhecer necessariamente limites intransponíveis no domínio do homem sobre o próprio corpo e as suas funções", que são determinados "pelo respeito devido à integridade do organismo humano e das suas funções naturais", e não pelo arbítrio aleatório de cada indivíduo (HV, n. 17).

Outro assunto relevante que incorpora a questão da contracepção é o **aborto**. Para a Igreja, a vida se inicia no momento da fecundação e deve ser respeitada e protegida de maneira absoluta. "Desde o primeiro momento da sua existência, devem ser reconhecidos a todo o ser humano os direitos da pessoa" (CIC[9], n. 2.270), dentre eles a dignidade e a integridade da vida (DAP[10], n. 12).

> Desde o momento da concepção, a vida de todo ser humano deve ser respeitada de modo absoluto, porque o homem é, na terra, a única criatura que Deus "quis por si mesma", e a alma espiritual de cada um dos homens é "imediatamente criada" por Deus; todo o seu ser traz a imagem do Criador. A vida humana é sagrada porque desde o seu início comporta "a ação criadora de Deus" e permanece para sempre em uma relação especial com o Criador, seu único fim. Somente Deus é o Senhor da vida, desde o seu início até o seu fim: ninguém, em nenhuma circunstância, pode reivindicar para si o direito de destruir diretamente um ser humano inocente. (IDV, Intr. 5)

Esclarecendo...

O aborto é compreendido como a interrupção de uma gravidez, e pode ser classificado como *espontâneo* ou *induzido*. No primeiro caso, acontece independentemente da vontade da pessoa, sendo fruto de fatores biológicos, psicológicos ou sociais. Já no segundo caso, é fruto da escolha humana e resultado da utilização de medicamentos ou de procedimentos de caráter cirúrgico.

A Igreja, desde os primórdios, sempre se posicionou em **defesa da vida**. Já no século I, opondo-se aos costumes próprios da cultura greco-romana, a Igreja estabeleceu princípios morais em defesa da vida

---

9 CIC – *Catecismo da Igreja Católica*. Disponível em: <http://www.vatican.va/archive/cathechism_po/index_new/prima-pagina-cic_po.html>. Acesso em: 7 fev. 2018.

10 DAP – *Declaração sobre o aborto provocado*. Disponível em: <http://www.vatican.va/roman_curia/congregations/cfaith/documents/rc_con_cfaith_doc_19741118_declaration-abortion_po.html>. Acesso em: 25 jan. 2018.

nascente. "No livro chamado Didaché, diz-se claramente: 'Tu não matarás, mediante o aborto, o fruto do seio; e não farás perecer a criança já nascida'" (DAP, n. 6). Tal posicionamento foi desenvolvido ao longo dos séculos pela tradição teológica, considerado sempre como um comportamento intolerável, igualado ao homicídio e, derivado disso, um pecado grave.

Polêmica...

Destacamos que "na altura da Idade Média, em que era opinião geral não estar a alma espiritual presente no corpo senão passadas as primeiras semanas, se fazia uma distinção quanto à espécie do pecado e à gravidade das sanções penais. Excelentes autores houve que admitiram, para esse primeiro período, soluções casuísticas mais suaves do que aquelas que eles davam para o concernente aos períodos seguintes da gravidez. Mas, jamais se negou, mesmo então, que o aborto provocado, mesmo nos primeiros dias da concepção fosse objetivamente falta grave. Uma tal condenação foi de facto unânime". (DAP, n. 7)

Nesse sentido, compreendendo que o aborto espontâneo é fruto de uma disfunção natural do processo de geração da vida e que não está no âmbito de escolha da pessoa humana, a Igreja condena de forma veemente toda e qualquer indução artificial de interrupção de gravidez. A sanção para quem comete tal ato, se consumado, é a excomunhão *latae sententiae*, ou seja, a pessoa é considerada excomungada automaticamente, sem que uma autoridade competente precise pronunciar-se sobre o assunto (CIC, n. 2.272).

Entretanto, destacamos que o *Código de Direito Canônico* prevê situações de exceção para casos de vulnerabilidade e coação da pessoa. Dentre essas situações, destacamos o uso parcial da razão, seja por imaturidade, seja por ignorância; por forte ímpeto da paixão; e contra a vontade (CDC[11], n. 1.324).

Ainda nessa mesma linha de análise, encontra-se outra problemática: o caso dos embriões humanos fruto das técnicas de reprodução assistida. Como sabemos, nem todos os embriões que resultam de uma fertilização *in vitro* são inseridos no útero da mulher; por esse motivo, a Igreja, além de condenar essa produção excessiva, alerta para uma necessária atenção ao que é realizado com os embriões excedentes (IDV, I, 5). Estes são considerados seres humanos e sujeitos de direitos desde o momento de sua concepção – devem, portanto, ser respeitados em seu direito à vida. Por esse motivo, não podem ser descartados ou destruídos. Da mesma forma, a Igreja aponta como preocupante a criopreservação destes, tendo em vista a possibilidade de que eles nunca se desenvolvam em um útero materno (IDV I, 5).

Por fim, a Igreja é contundente em seu repúdio a toda e qualquer manipulação científica desses embriões. Independentemente do benefício que os resultados possam gerar, a eliminação de vidas inocentes às quais não foi sequer dada a possibilidade de desenvolvimento é considerada *abominável* (IDV, I, 5).

4.3 Paternidade responsável e planejamento familiar

Para que possamos refletir sobre a paternidade responsável e sobre o planejamento familiar, precisamos recordar que a realidade do matrimônio, desejada pelo próprio Deus, tem como fundamento o amor mútuo. Este é imagem e símbolo do amor do próprio Deus para conosco,

---

11 CDC – *Código de Direito Canônico*. Disponível em: <http://www.vatican.va/archive/cod-iuris-canonici/portuguese/codex-iuris-canonici_po.pdf>. Acesso em: 28 jan. 2018.

constituindo-se, em seu aspecto relacional, vínculo de doação mútua (FC, n. 13). Uma doação que extrapola o convívio dos esposos e os leva a doar-se para além de si, na figura de sua prole, que é "reflexo vivo do seu amor, sinal permanente da unidade conjugal e síntese viva e indissociável do ser pai e mãe" (FC, n. 14)

Dessa maneira, chamados a viver a paternidade e a maternidade por meio dessa comunhão de amor, homem e mulher assumem uma responsabilidade ímpar, visto que:

> A fecundidade do amor conjugal não se restringe somente à procriação dos filhos, mesmo que entendida na dimensão especificamente humana: alarga-se e enriquece-se com todos aqueles frutos da vida moral, espiritual e sobrenatural que o pai e a mãe são chamados a doar aos filhos e, através dos filhos, à Igreja e ao mundo. (FC, n. 28)

Entre os frutos da vida moral encontramos os deveres para com Deus, para consigo, para com os filhos e para com a sociedade (AL, n. 68). Nesse sentido, podemos afirmar que a responsabilidade dos pais para com os filhos é uma exigência própria da realidade matrimonial, e não uma imposição de determinado tempo histórico, político ou social. Em outras palavras, a Igreja, independentemente das ideologias de melhoramento do mundo, fundamentada na compreensão de que o amor doação é o pressuposto da relação paternal/filial, reafirma a importância da vivência da paternidade responsável (DCE[12], n. 33).

Tal visão é apresentada pela constituição pastoral *Gaudium et Spes*, segundo a qual o matrimônio e o amor conjugal, por índole própria, se ordenam à procriação e à educação dos filhos. Nessa constituição, também se afirma que os cônjuges, no ofício de transmitir a vida e de educar, são cooperadores do amor de Deus Criador e como que seus intérpretes.

---

12 DCE – Carta encíclica *Deus Caritas Est*. Disponível em: <http://w2.vatican.va/content/benedict-xvi/pt/encyclicals/documents/hf_ben-xvi_enc_20051225_deus-caritas-est.html>. Acesso em: 26 jan. 2018.

Disso, segundo o Concílio, decorre a necessidade de os pais desempenharem sua missão com responsabilidade cristã e humana. Para tanto, eles são invitados a "ver as condições de tempo e da própria situação e tendo, finalmente, em consideração o bem da comunidade familiar, da sociedade temporal e da própria Igreja" (GS, n. 50).

Ao apresentar essas exigências para a vivência da paternidade responsável, o Concílio ressalta que os cônjuges devem formar suas decisões na presença de Deus, e estas não podem ser tomadas de forma arbitrária, mas devem se pressupor na lei divina-natural, que coloca em evidência o amor que fundamenta a relação entre pais e filhos (GS, n. 50).

Tal perspectiva é aprofundada no documento *Humanae Vitae*, quando este afirma que a paternidade responsável inclui em si

> uma relação mais profunda com a ordem moral objetiva, estabelecida por Deus, de que a consciência reta é intérprete fiel. O exercício responsável da paternidade implica, portanto, que os cônjuges reconheçam plenamente os próprios deveres, para com Deus, para consigo próprios, para com a família e para com a sociedade, numa justa hierarquia de valores. (HV, n. 10)

Nessa perspectiva, o documento estabelece que a paternidade responsável deve ser entendida desde o momento em que os cônjuges estão realizando seu planejamento familiar. Este deve levar em consideração as condições físicas, econômicas, psicológicas e sociais, como também o respeito aos processos biológicos fundamentados na natureza das funções geradoras (HV, n. 10).

Assim, o planejamento familiar é condição para o pleno exercício de uma paternidade responsável, na qual os pais não são

> livres para procederem a seu próprio bel-prazer, como se pudessem determinar, de maneira absolutamente autônoma, as vias honestas a seguir, mas devem, sim, conformar o seu agir com a intenção criadora de Deus, expressa na própria natureza do matrimônio e dos seus atos e manifestada pelo ensino constante da Igreja. (HV, n. 10)

Aprofundando...

Um filho é sempre um dom e nunca um problema. Por isto deve-se cultivar a atitude de abertura à vida em âmbito pessoal, familiar e social. Gerar e acolher uma nova vida significa dar continuidade à obra da Criação. Se os pais são os cooperadores imediatos do amor de Deus Criador na transmissão da vida humana, os homens, em geral, são também os colaboradores de Deus no serviço à vida comprometendo-se com ela. O chamado de Deus à cooperação humana é o bem mais precioso, a única criatura sobre a terra a ser querida por Deus por si mesma, carrega a marca de Deus e está destinada à vida eterna. Na origem da vida, está o ato de amor do Criador e a Redenção operada pelo *Autor da vida*. Depois do *evento Cristo*, não há outra escolha a não ser aquela de escolher a vida. Por isto a vida deve ser desejada e amada, porque nos é confiada, e não somos os seus proprietários absolutos, mas, sim os fiéis e apaixonados guardiões.

O homem, como parceiro de Deus, continua a criação, de modo mais concreto e específico, através da geração responsável: a geração é a continuação da criação. Nos filhos, os pais contemplam a imagem de Deus. Os filhos devem ser acolhidos como dom mais precioso, confiados como tarefa aos pais, família e sociedade. Deus cria o ser humano por si mesmo, tendo os pais como seus cooperadores e intérpretes. Assim, o querer dos pais e dos homens, em geral, deve coincidir com o querer de Deus, isto é, a nova vida deve ser desejada e acolhida como a quer o Criador: por si mesma. Os pais são, portanto, cocriadores: a geração, se de um lado é obediência a um mandamento divino, do outro é intrínseca expressão de uma potencialidade criatural que torna o homem símile a Deus, cocriador, mais que procriador. (Ricci, 2014, p. 88-89)

Síntese

Como explicitamos ao longo deste capítulo, a vida matrimonial, pelo próprio ordenamento para o amor, tem como vocação participar da obra criadora de Deus por meio da procriação. Esta é fruto e sinal do amor conjugal, constituindo-se testemunho de doação recíproca dos esposos. Por esse motivo, não há como dissociar o ato unitivo dos cônjuges do procriativo, pois este é fruto de uma profunda doação mútua.

Sob essa perspectiva, explicamos ainda que o direito à procriação somente é aceito no contexto matrimonial se vivido sob os aspectos da lei divina-natural que rege as funções geradoras da vida. Assim, a Igreja condena o uso de tecnologias de reprodução assistida para a geração de filhos, salientando que a técnica e a instrumentalização não pode estar acima do amor. Ressalta também que o filho é um dom, e não uma prerrogativa ou um direito dos esposos. Ao mesmo tempo, afirma que os cônjuges que vivem o drama de não poder ter filhos são chamados a prestar outros serviços à sociedade e à comunidade eclesial.

Ainda explicitamos que a Igreja considera falta grave o uso de qualquer método de regulação artificial de nascimentos, pois a relação matrimonial permanece fechada em si, não estando aberta à geração da vida. Entretanto, tendo em vista a dimensão de um planejamento familiar e as funções naturais da geração da vida, os cônjuges podem fazer uso dos períodos infecundos para regular a natalidade.

Concluímos o capítulo explicando que, uma vez chamados a serem cocriadores, os cônjuges precisam ter uma atitude de profunda responsabilidade, buscando desempenhar sua missão tendo como base o discernimento das condições físicas, econômicas, psicológicas e sociais.

Indicação cultural

O documento indicado a seguir aborda o posicionamento da Igreja com relação à procriação, ao uso de técnicas de reprodução assistida e seus desdobramentos.

SAGRADA CONGREGAÇÃO PARA A DOUTRINA DA FÉ. **Instrução sobre o respeito à vida humana nascente e a dignidade da procriação.** Disponível em: <http://www.vatican.va/roman_curia/congregations/cfaith/documents/rc_con_cfaith_doc_19870222_respect-for-human-life_po.html>. Acesso em: 25 jan. 2018.

O documento a seguir trata das questões relativas ao aborto, trazendo uma fundamentação teórica e uma reflexão prática sobre o assunto.

SAGRADA CONGREGAÇÃO PARA A DOUTRINA DA FÉ. **Declaração sobre o aborto provocado.** Roma, 18 nov. 1974. Disponível em: <http://www.vatican.va/roman_curia/congregations/cfaith/documents/rc_con_cfaith_doc_19741118_declaration-abortion_po.html>. Acesso em: 25 jan. 2018.

Atividades de autoavaliação

1. A Igreja nos ensina, tendo em vista a lei divina-natural, que o matrimônio e o amor conjugal "ordenam-se por sua própria natureza à geração e educação da prole" (GS, n. 50). Assim, em casta intimidade e amor, o matrimônio tende naturalmente a gerar novas vidas. A natureza impõe ao ser humano um ciclo reprodutivo por meio do qual a geração da vida se manifesta. Nesse sentido, todo e qualquer ato matrimonial deve permanecer aberto à vida (HV, n. 11). Um deles, em especial, não pode ser desvinculado da procriação, tendo em vista que une profundamente os esposos

em uma comunhão de amor e é fruto de profunda doação mútua. Qual é esse ato?
   a) Ato de doação.
   b) Ato unitivo.
   c) Ato gerativo.
   d) Ato de castidade.

2. As técnicas de reprodução assistida são uma alternativa apresentada pela ciência para a procriação quando esta não é possível naturalmente. Antes de 1987 não havia um posicionamento oficial da Igreja sobre o assunto. Algumas conferências episcopais haviam oferecido orientações isoladas a respeito do assunto, até a publicação de uma instrução que trata especificamente do respeito à vida humana nascente e à dignidade da procriação. Qual é o nome dessa instrução?
   a) *Humanae Vitae.*
   b) *Dignitas Personae.*
   c) *Donum Vitae.*
   d) *Veritatis Splendor.*

3. A Igreja condena o recurso às técnicas de reprodução assistida para a procriação, pois a seu ver elas desvinculam o sentido unitivo e procriativo do ato sexual, relegando à intervenção técnica o ato fundante da existência, tornando esta um objeto da ciência, e não um fruto da acolhida e da doação mútuas dos pais. Nesse sentido, existe uma série de orientações para os pais que sofrem com a realidade da esterilidade. Sobre essas orientações, analise as afirmativas a seguir:
   I. A procriação não é um dom, é um direito.
   II. Os esposos, em sua experiência vocacional, são chamados à paternidade, mas esta não é uma prerrogativa do casal. Assim, somente lhes é permitido buscar a procriação pelos meios naturais.

III. A prerrogativa de existência pertence ao filho. Ele é que tem o direito de ser fruto do ato do amor conjugal de seus pais e de ser respeitado em dignidade desde sua concepção.

IV. Os esposos que vivem a realidade da esterilidade são chamados a prestar outros serviços importantes, como a adoção, o auxílio em obras educativas, a ajuda a outras famílias, a crianças empobrecidas e a deficientes.

Assinale a alternativa que apresenta as afirmativas corretas:
a) I, II, III.
b) II, III, IV.
c) I, II, IV.
d) II, IV.

4. A doutrina da Igreja sobre a contracepção se fundamenta na concepção de lei divina-natural e salienta a importância da conexão inseparável entre o significado unitivo e procriativo do ato conjugal. Nesse contexto, posiciona-se contra todo e qualquer método de regulação de natalidade que seja contrário à natureza das funções geradoras do ser humano. Sobre a contracepção, analise as afirmavas a seguir:

I. A Igreja aceita que a pessoa faça uso dos períodos infecundos para o relacionamento matrimonial, sem ofender a ordem moral.

II. A Igreja afirma ser possível o uso de contraceptivos nos casos de infidelidade conjugal.

III. A Igreja considera condenável toda ação que, em previsão ou durante a realização ou no desenvolvimento das consequências do ato sexual, se proponha a tornar impossível a procriação.

IV. O comportamento de recusa consciente à geração da vida é considerado uma falsificação da verdade interior do próprio amor conjugal, que é chamado à vocação total.

Assinale a alternativa que apresenta as afirmativas corretas:
a) I, II e III.
b) II, III e IV.
c) I, III e IV.
d) II e IV.

5. Como vimos, os cônjuges recebem o chamado à procriação. Entretanto, esta deve ser realizada de uma forma responsável, que inclui não apenas a geração por meios naturais, mas também a paternidade responsável. Esta se efetiva em um planejamento familiar que leve em consideração as condições:
a) físicas, espirituais e sociais.
b) físicas, econômicas, psicológicas e sociais.
c) econômicas e sociais.
d) econômicas, psicológicas e sociais.

Atividades de aprendizagem

Questões para reflexão

1. Atualmente, grupos de mulheres solteiras e casais homossexuais reivindicam o direito à procriação. Por meio das técnicas de reprodução assistida, eles buscam realizar tal desejo. Entretanto, a Igreja posiciona-se de forma contrária a isso. Releia a Seção 4.1, reflita sobre essa questão e justifique esse posicionamento.

2. Para a Igreja, a vida se inicia no momento da fecundação. Ela defende que o ser humano deve ter seus direitos reconhecidos e protegidos desde então. Nesse sentido, toda e qualquer ação que vise à interrupção artificial da gravidez é condenada pela Igreja, independentemente de sua finalidade. Entretanto, tendo em vista o desenvolvimento das técnicas de reprodução assistida, tem-se verificado uma

produção excedente de embriões, os quais, não implantados no útero materno, são criopreservados. A destinação desses embriões é incerta. A esse respeito, releia a Seção 4.2, reflita sobre o assunto e apresente o posicionamento da Igreja com relação a tal situação.

Atividade aplicada: prática

1. No cotidiano encontramos diferentes manifestações da vivência da paternidade. A pastoral familiar tem várias iniciativas de apoio às famílias a fim de orientar para um planejamento familiar alinhado aos valores cristãos. Sabendo disso, realize uma pesquisa sobre a atuação pastoral em uma comunidade específica e registre quais são as iniciativas desenvolvidas e se elas estão em sintonia com a doutrina da Igreja.

5
Matrimônio e situações de exceção[1]

---

[1] Todas as passagens bíblicas referidas neste capítulo foram extraídas de Bíblia (2017). Para as citações de documentos eclesiais diversos, usamos aqui siglas para sua identificação, seguidas do número do item correspondente. No tocante aos documentos eclesiais emitidos pelo Concílio Vaticano II, esclarecemos que podem ser consultados acessando-se a página eletrônica Documentos do Concílio Vaticano II, do *site* oficial La Santa Sede (2018). Para esses e outros documentos, emitidos por diferentes divisões do Vaticano, indicaremos os endereços eletrônicos específicos ao longo do capítulo.

Como explicamos nos capítulos anteriores, o matrimônio constitui uma união corporal e espiritual entre o homem e a mulher. Os esposos se doam mutuamente pelo amor e participam da obra criadora de Deus pela procriação, que deve ser exercida com responsabilidade. Entretanto, ao analisarmos as relações conjugais estabelecidas em nossa sociedade hodierna, percebemos que muitas são estruturadas sob uma óptica diferenciada daquela proposta pela Igreja. Faremos referência a tais relações usando o termo *relacionamentos de exceção ao matrimônio.*

Assim, tendo em vista os aspectos doutrinais e pastorais que envolvem esse cenário e buscando apresentar o posicionamento da Igreja sobre o assunto, abordaremos neste capítulo questões que envolvem as relações pré-matrimoniais e a questão dos divorciados, dos recasados e da união das pessoas do mesmo sexo.

5.1 Doutrina da Igreja sobre as situações matrimoniais de exceção

O matrimônio é uma instituição realizada pelo próprio Deus, que, ao criar homem e mulher por amor, também os chamou a estabelecer uma aliança de amor que os vincula em uma só carne. Por meio dessa ótica de íntima união, a vida conjugal torna-se uma doação mútua de amor que pressupõe a vivência da fidelidade e da indissolubilidade matrimonial, como também a abertura à geração da vida, que expressa a extensão do amor existente entre os pais nos filhos (GS[2], n. 48).

A Igreja salienta que a preservação do matrimônio – e, por conseguinte, da família – é algo decisivo para o futuro do mundo e da Igreja (AL[3], n. 31), pois compreende que o matrimônio é "princípio e fundamento da sociedade humana", que a família é a "célula primeira e vital

---

2 GS – Constituição pastoral *Gaudium et Spes*. Disponível em: <http://www.vatican.va/archive/hist_councils/ii_vatican_council/documents/vat-ii_const_19651207_gaudium-et-spes_po.html>. Acesso em: 23 jan. 2018.

3 AL – Exortação apostólica pós-sinodal *Amoris Laetitia*. Disponível em: <http://w2.vatican.va/content/francesco/pt/apost_exhortations/documents/papa-francesco_esortazione-20160319_amoris-laetitia.html>. Acesso em: 25 jan. 2018.

da sociedade" (FC[4], n. 42) e, enquanto tal, se constituem dois "dos bens mais preciosos da humanidade" (FC, n. 1).

Nesse sentido, a Igreja tem demonstrado uma preocupação acentuada com a realidade do matrimônio e da família em nossa sociedade atual. Em 1981, a encíclica apostólica *Familiaris Consortio* salientava aspectos positivos (luzes) e negativos (sombras) dessa realidade. No que tange aos primeiros, destacamos os seguintes pontos:

- A consciência mais viva da liberdade pessoal.
- Maior atenção à qualidade das relações interpessoais no matrimônio.
- Promoção da dignidade da mulher.
- Procriação responsável.
- Educação dos filhos.

Entretanto, existem sombras em relação à realidade do matrimônio e da família cuja raiz está na corrupção da ideia e da experiência da **liberdade**. Esta não é entendida como possibilidade de realizar o plano de Deus sobre a vida matrimonial e familiar, mas como força de autoafirmação fundamentada no individualismo e no egoísmo (FC, n. 6). Assim, tendo em vista esses pressupostos, o documento apresenta alguns aspectos negativos considerados historicamente persistentes e outros que são fruto das condições sociais atuais, dentre as quais, destacamos:

- Equivocada concepção teórica e prática de independência dos cônjuges entre si.
- Graves ambiguidades acerca da relação de autoridade entre pais e filhos.
- Dificuldades concretas, que a família muitas vezes experimenta na transmissão dos valores entre gerações.
- Número crescente de divórcios.

---

4 FC – Exortação apostólica de João Paulo II *Familiaris Consortio*. Disponível em: <http://w2.vatican.va/content/john-paul-ii/pt/apost_exhortations/documents/hf_jp-ii_exh_19811122_familiaris-consortio.html>. Acesso em: 22 jan. 2018.

- Prática do aborto e o recurso cada vez mais frequente à esterilização tanto masculina quanto feminina
- Instauração de uma verdadeira e própria mentalidade contraceptiva (FC, n. 6).

Outro documento que expressou a preocupação da Igreja com a situação do matrimônio e da família na atualidade é a exortação apostólica pós-sinodal *Amoris Laetitia*, publicada em 2016. Nesse documento, o Papa Francisco destaca a necessidade de "olharmos a realidade atual da família em toda a sua complexidade", tendo em vista que a mudança antropológico-cultural pela qual a sociedade passou nos últimos anos "requer uma abordagem analítica e diversificada" (AL, n. 32).

Um ponto abordado no documento é a **estrutura familiar**. Com a distribuição equitativa de encargos e, consequentemente, de tarefas e responsabilidades, há hoje a valorização do processo de comunicação dos cônjuges e a humanização da vida familiar. Contudo, esse novo formato por vezes reduz o acompanhamento e o apoio afetivo emocional dos membros da família (AL, n. 32). Da mesma forma, ele indica que a cultura do individualismo desvirtua os laços familiares, fundamentados no amor e na doação mútua (AL, n. 33). Assim, a compreensão própria da natureza do matrimônio e da família passa por um processo de crise, no qual o sentido de ambos tem como referência a vontade do indivíduo, perdendo assim seu significado primeiro.

Aprofundando...

Fiéis ao ensinamento de Cristo, olhamos a realidade atual da família em toda a sua complexidade, nas suas luzes e sombras. [...] Hoje, a mudança antropológico-cultural influencia todos os aspectos da vida e requer uma abordagem analítica e diversificada. Já no contexto de várias décadas atrás, os bispos da Espanha reconheciam uma realidade doméstica com mais espaços de liberdade, com uma distribuição equitativa de encargos, responsabilidades e tarefas [...]. Valorizando mais a comunicação pessoal entre os esposos, contribui-se para humanizar toda a vida familiar. [...] Nem a sociedade em que vivemos nem aquela para onde caminhamos permitem a sobrevivência indiscriminada de formas e modelos do passado. Mas estamos conscientes da direção que vão tomando as mudanças antropológico-culturais, em razão das quais os indivíduos são menos apoiados do que no passado pelas estruturas sociais na sua vida afetiva e familiar.

Por outro lado, há que considerar o crescente perigo representado por um individualismo exagerado que desvirtua os laços familiares e acaba por considerar cada componente da família como uma ilha, fazendo prevalecer, em certos casos, a ideia dum sujeito que se constrói segundo os seus próprios desejos assumidos com carácter absoluto. As tensões causadas por uma cultura individualista exagerada da posse e fruição geram no seio das famílias dinâmicas de impaciência e agressividade. Gostaria de acrescentar o ritmo da vida atual, o estresse, a organização social e laboral, porque são fatores culturais que colocam em risco a possibilidade de opções permanentes. Ao mesmo tempo, encontramo-nos perante fenómenos ambíguos. Por exemplo, aprecia-se uma personalização que aposte na autenticidade em vez de reproduzir comportamentos prefixados. É um valor que pode promover as diferentes capacidades e a espontaneidade, mas, se for mal orientado, pode criar atitudes de permanente suspeita, fuga dos compromissos, confinamento no conforto, arrogância. A liberdade de escolher permite projetar a própria vida e cultivar o melhor de si mesmo, mas, se não se tiver objetivos nobres e disciplina pessoal, degenera numa incapacidade de se dar generosamente. De facto, em muitos países onde diminui o número

> de matrimónios, cresce o número de pessoas que decidem viver sozinhas ou que convivem sem coabitar. Podemos assinalar também um louvável sentido de justiça; mas, mal compreendido, transforma os cidadãos em clientes que só exigem o cumprimento de serviços.
>
> Se estes riscos se transpõem para o modo de compreender a família, esta pode transformar-se num lugar de passagem, aonde uma pessoa vai quando lhe parecer conveniente para si mesma ou para reclamar direitos, enquanto os vínculos são deixados à precariedade volúvel dos desejos e das circunstâncias. No fundo, hoje é fácil confundir a liberdade genuína com a ideia de que cada um julga como lhe parece, como se, para além dos indivíduos, não houvesse verdades, valores, princípios que nos guiam, como se tudo fosse igual e tudo se devesse permitir. Neste contexto, o ideal matrimonial com um compromisso de exclusividade e estabilidade acaba por ser destruído pelas conveniências contingentes ou pelos caprichos da sensibilidade. Teme-se a solidão, deseja-se um espaço de proteção e fidelidade, mas, ao mesmo tempo, cresce o medo de ficar encurralado numa relação que possa adiar a satisfação das aspirações pessoais. (AL, n. 32-34)

Tendo em vista esse cenário reflexivo da Igreja perante as circunstâncias em que o matrimônio e a família se encontram é que podemos falar em ***situações de exceção à vida matrimonial***. Elas podem ser entendidas como as diversas situações nas quais o relacionamento que visa à união entre pessoas não está pautado nos princípios doutrinais da Igreja. Por esse motivo, merecem atenção diferenciada, uma vez que não apenas são considerados desordens morais, mas também porque em toda a conjuntura social há diversas formas de atuação pastoral no atendimento a essas pessoas.

5.2 Diferentes situações matrimoniais de exceção

Para iniciarmos a abordagem das situações matrimoniais de exceção, é necessário pontuarmos que, levando em consideração a origem e a natureza de cada uma delas, a Igreja dá orientações doutrinas específicas, como também diretrizes pastorais acerca da acolhida na comunidade eclesial. Com base nesse princípio, abordaremos especificamente quatro situações de exceção: as relações pré-matrimoniais, o divórcio, os recasados e as uniões de pessoas do mesmo sexo.

5.2.1 Relações pré-matrimoniais

As relações pré-matrimoniais são aquelas nas quais há a união entre homem e mulher não ratificada por meio do sacramento do matrimônio. Esse tipo de união pode manifestar-se de diferentes formas, apresentar diferentes vínculos de relacionamento e ter diferentes objetivos. Em linhas gerais, elas são classificadas como matrimônio à experiência, uniões livres de fato e uniões civis.

O **matrimônio à experiência** é o tipo de união que tem como objetivo verificar se o ulterior relacionamento teria viabilidade de fato. Tal prática, cada vez mais comum em nossa sociedade, tem seu fundamento em certo utilitarismo do relacionamento, que não se pressupõe na doação mútua, mas na satisfação pessoal por meio da convivência com o outro. O amor não é vivido como dom, mas pervertido como uma paixão temporal, expresso na relativização do ato unitivo dos cônjuges. Sendo um relacionamento que se inicia pressupondo o possível e eminente término, ele fere diretamente um dos princípios do matrimônio, a indissolubilidade.

Para superar a mentalidade que rege esse tipo de comportamento sexual, a Igreja destaca a importância e a necessidade de uma educação para a sexualidade que permeie toda a vida da pessoa. Ela deve ter como finalidade prepará-la para a vivência do "amor autêntico e para o recto uso da sexualidade, de modo a introduzir a pessoa humana em todas as suas dimensões" (FC, n. 80).

As **uniões livres de fato** são cada vez mais frequentes em nossa sociedade. Elas não possuem tipo algum de vínculo institucional, seja ele civil, seja religioso, publicamente reconhecido. Elas "se caracterizam, precisamente, por ignorar, postergar ou até mesmo rejeitar o compromisso conjugal" (CNBB, 2005, 380). Em sua natureza, constituem um grande desafio pastoral para a Igreja, em razão das particularidades (morais, religiosas e sociais) que as permeiam. Como afirma a exortação apostólica *Familiaris Consortio*:

> Alguns, com efeito, consideram-se quase constrangidos a tais uniões por situações difíceis de carácter económico, cultural e religioso, já que contraindo um matrimónio regular, seriam expostos a um dano, à perda de vantagens económicas, à discriminação etc. Outras, pelo contrário, fazem-no numa atitude de desprezo, de contestação ou de rejeição da sociedade, do instituto familiar, do ordenamento sociopolítico, ou numa busca única de prazer. Outros, enfim, são obrigados pela extrema ignorância e pobreza, às vezes por condicionamentos verificados por situações de verdadeira injustiça, ou também de uma certa imaturidade psicológica, que os torna incertos e duvidosos na contração de um vínculo estável e definitivo. Em alguns países os costumes tradicionais preveem o matrimónio verdadeiro e próprio só depois de um período de coabitação e depois do nascimento do primeiro filho. (FC, n. 81)

Desse tipo de união decorre uma série de graves consequências: "uma situação objetiva do pecado; a aceitação pacífica de um estilo de vida contrário ao sentido religioso do matrimônio e a falta de completas garantias jurídicas e de segurança para o(a) companheiro(a) e os possíveis filhos" (CNBB, 2005, 381).

Nessa perspectiva, a Igreja indica que a ação pastoral deve ter como princípio a atuação particularizada; em outras palavras, deve conhecer cada caso para que as devidas ações sejam tomadas. Posteriormente, deve-se trabalhar de forma intensa em um processo de esclarecimento sobre o sacramento do matrimônio e na caridosa correção dos costumes. É também necessário oferecer a essas pessoas, por meio da vivência comunitária, um testemunho familiar cristão, que as auxilie no processo de educação moral e as incentive no processo de regularização de sua situação (FC, n. 81).

Por fim, no que se refere às **uniões civis**, há uma forte preocupação da Igreja com casais católicos que, por motivos ideológicos ou práticos (como de ordem econômica), rejeitam ou adiam a celebração do matrimônio. Essa preocupação se deve ao fato de que, ao buscar o reconhecimento público do vínculo unitivo, os esposos mostram que estão dispostos a assumir os compromissos e as regalias de uma vida conjugal. Entretanto, esse comprometimento não é assumido perante a Igreja.

Assim, a ação pastoral com esses casais compreende a conscientização da necessidade de coerência entre a escolha de um estado de vida e a fé que se professa. Por esse motivo, faz-se necessário conscientizar tais pessoas a "regularizar sua situação à luz dos princípios cristãos" (FC, n. 82). No entanto, é salutar ressaltar que, embora a acolhida desses casais seja importante, eles não poderão ser admitidos aos sacramentos.

5.2.2 Divorciados sem segunda união

O divórcio é mais do que uma separação de duas pessoas que se uniram por determinado período de tempo. Teologicamente, ele é entendido como "uma injúria contra a aliança da salvação, de que o matrimónio sacramental é sinal" (CIC[5], n. 2.384). Nesse sentido, a pessoa que vivencia a experiência do divórcio, mais que um rompimento emocional, psicológico e social, passa também por um rompimento espiritual.

Diversas circunstâncias, como "incompreensões recíprocas, incapacidade de abertura a relações interpessoais" (FC, n. 83), podem conduzir um matrimônio válido a rompimentos muitas vezes irreparáveis. É claro que a separação é entendida pela Igreja como uma possibilidade extrema, mas viável quando todas as possibilidades razoáveis tenham se demonstrado ineficazes (FC, n. 84).

Nesse contexto, a pessoa precisa do apoio, da compreensão e da solidariedade da comunidade eclesial a fim de conservar a fidelidade, cultivar o perdão e, eventualmente, retomar a vida conjugal anterior. "É importante, ainda, promover grupos estáveis de pessoas separadas para implementar o mútuo apoio. Com esse mesmo objetivo, podem-se organizar [...] encontros e também formar equipes de ação solidária em prol dos irmãos" (CNBB, 2005, 388). É importante salientar que, no caso dos divorciados que optam por viver uma vida casta, com base em um exemplo de fidelidade e coerência cristã, não é vedado acesso a alguns dos sacramentos.

Aprofundando...

[...] "é indispensável um discernimento particular para acompanhar pastoralmente os separados, os divorciados, os abandonados. Tem-se de acolher e valorizar sobretudo a angústia daqueles que sofreram injustamente a separação, o divórcio ou o abandono, ou então foram obrigados, pelos maus-tratos do cônjuge, a romper a convivência. Não é fácil o perdão pela injustiça sofrida, mas constitui um caminho que a graça torna possível. Daí a necessidade

---

5 CIC – *Catecismo da Igreja Católica*. Disponível em: <http://www.vatican.va/archive/cathechism_po/index_new/prima-pagina-cic_po.html>. Acesso em: 7 fev. 2018.

> duma pastoral da reconciliação e da mediação, inclusive através de centros de escuta especializados que se devem estabelecer nas dioceses". Ao mesmo tempo, "as pessoas divorciadas que não voltaram a casar (que são muitas vezes testemunhas da fidelidade matrimonial) devem ser encorajadas a encontrar na Eucaristia o alimento que as sustente no seu estado. A comunidade local e os pastores devem acompanhar estas pessoas com solicitude, sobretudo quando há filhos ou é grave a sua situação de pobreza". Um falimento matrimonial torna-se muito mais traumático e doloroso quando há pobreza, porque se têm muito menos recursos para reordenar a existência. Uma pessoa pobre, que perde o ambiente protetor da família, fica duplamente exposta ao abandono e a todo o tipo de riscos para a sua integridade. (AL, n. 242)

5.2.3 Recasados

Também identificados como *casais de segunda união*, os recasados são aqueles que, após um processo de divórcio, contraem nova união. Esse comportamento crescente em nossa sociedade é um desafio pastoral para a Igreja. O Papa Bento XVI, em sua exortação apostólica pós-sinodal *Sacramentum Caritatis*, aponta que tal realidade constitui um problema pastoral delicado e complexo que deve ser tratado com profundo discernimento (EASC[6], n. 29). Isso é necessário, pois cada casal tem uma história de vida diferenciada e cada caso deve ser analisado em sua singularidade e profundidade pela Igreja (FC, n. 84).

---

6 EASC – Exortação apostólica pós-sinodal *Sacramentum Caritatis*. Disponível em: <http://w2.vatican.va/content/benedict-xvi/pt/apost_exhortations/documents/hf_ben-xvi_exh_20070222_sacramentum-caritatis.html>. Acesso em: 25 jan. 2018.

Aprofundando...

Saibam os pastores que, por amor à verdade, estão obrigados a discernir bem as situações. Há, na realidade, diferença entre aqueles que sinceramente se esforçaram por salvar o primeiro matrimónio e foram injustamente abandonados e aqueles que por sua grave culpa destruíram um matrimónio canonicamente válido. Há ainda aqueles que contraíram uma segunda união em vista da educação dos filhos, e, às vezes, estão subjetivamente certos em consciência de que o precedente matrimónio irreparavelmente destruído nunca tinha sido válido. (FC, n. 84)

Os divorciados que vivem numa nova união, por exemplo, podem encontrar-se em situações muito diferentes, que não devem ser catalogadas ou encerradas em afirmações demasiado rígidas, sem deixar espaço para um adequado discernimento pessoal e pastoral. Uma coisa é uma segunda união consolidada no tempo, com novos filhos, com fidelidade comprovada, dedicação generosa, compromisso cristão, consciência da irregularidade da sua situação e grande dificuldade para voltar atrás sem sentir, em consciência, que se cairia em novas culpas. A Igreja reconhece a existência de situações em que "o homem e a mulher, por motivos sérios – como, por exemplo, a educação dos filhos – não se podem separar". Há também o caso daqueles que fizeram grandes esforços para salvar o primeiro matrimónio e sofreram um abandono injusto, ou o caso daqueles que "contraíram uma segunda união em vista da educação dos filhos, e, às vezes, estão subjetivamente certos em consciência de que o precedente matrimónio, irremediavelmente destruído, nunca tinha sido válido". Coisa diferente, porém, é uma nova união que vem dum divórcio recente, com todas as consequências de sofrimento e confusão que

> afetam os filhos e famílias inteiras, ou a situação de alguém que faltou repetidamente aos seus compromissos familiares. Deve ficar claro que este não é o ideal que o Evangelho propõe para o matrimónio e a família. Os Padres sinodais afirmaram que o discernimento dos pastores sempre se deve fazer "distinguindo adequadamente", com um olhar que discirna bem as situações. Sabemos que não existem "receitas simples". (AL, n. 298)

A ação pastoral, ao mesmo tempo que deve ser singularizada, precisa ter como pressuposto o acolhimento, pois reconhece-se a importância de fazer os divorciados se sentirem parte da Igreja. Isso exige "um atento discernimento e um acompanhamento com grande respeito, evitando qualquer linguagem e atitude que as faça [as pessoas divorciadas] sentir discriminadas e promovendo a sua participação na vida da comunidade" (AL, n. 243). Ao mesmo tempo, devem ser encorajados a viver uma vida de fé e testemunho cristão: "Sejam exortados a ouvir a Palavra de Deus, a frequentar o Sacrifício da Missa, a perseverar na oração, a incrementar as obras de caridade e as iniciativas da comunidade [...], a educar os filhos na fé cristã, a cultivar o espírito e as obras de penitência" (FC, n. 84).

Entretanto, apesar do acolhimento que a Igreja lhes proporciona, os recasados não são admitidos ao sacramento da Eucaristia e da Penitência. Isso acontece porque seu estado e sua condição de vida contrastam com a união de amor entre Cristo e a Igreja, significada e realizada pela Eucaristia. Nesse sentido, eles seriam induzidos ao erro e à confusão acerca da doutrina da Igreja sobre a indissolubilidade do matrimônio. No que tange ao sacramento da penitência, ele só pode ser concedido àqueles que, tendo-se arrependido da violação da Aliança matrimonial, estão dispostos a viver uma vida que não esteja mais em contradição com a indissolubilidade do matrimônio (FC, n. 84).

> **Importante!**
>
> Segundo a CNBB (2005), há três maneiras de as pessoas que vivem na condição de recasados terem acesso a uma vida sacramental plena:
> 1. Separando-se da pessoa com quem está, de modo ilegítimo, convivendo maritalmente.
> 2. Vivendo juntos, mas sem manterem relações sexuais.
> 3. Conseguindo, no Tribunal Eclesiástico, a declaração de nulidade da primeira união e regularizando, diante da Igreja, a nova união.

5.2.4 Uniões de pessoas do mesmo sexo

Um dos princípios do matrimônio é o da complementariedade dos sexos. Deus criou homem e mulher, que, a partir de sua união por amor, tendem à comunhão mútua e à geração e à educação de novas vidas (UPH[7], n. 2). Dessa maneira, para a Igreja não há como falar em uma união qualquer entre pessoas humanas. O matrimônio está circunscrito em um ordenamento natural, com propriedades essenciais e finalidades. "A verdade natural sobre o matrimónio foi confirmada pela Revelação contida nas narrações bíblicas da criação e que são, ao mesmo tempo, expressão da sabedoria humana originária, que se faz ouvir a voz da própria natureza" (UPH, n. 3).

Nesse sentido, a Igreja não vê nenhum fundamento que possa equiparar ou fazer analogias entre o matrimônio e as uniões homossexuais. Para a Igreja, elas estão em contraste profundo com a lei natural, pois "fecham o acto sexual ao dom da vida. Não são fruto de uma verdadeira

---

[7] UPH – *Considerações sobre os projectos de reconhecimento legal das uniões entre pessoas homossexuais*. Disponível em: <http://www.vatican.va/roman_curia/congregations/cfaith/documents/rc_con_cfaith_doc_20030731_homosexual-unions_po.html>. Acesso em: 25 jan. 2018.

complementaridade afectiva e sexual. Não se podem, de maneira nenhuma, aprovar" (UPH, n. 4).

Entretanto, como já pontuamos no Capítulo 2, homens e mulheres que têm tendência homossexual "devem ser acolhidos com respeito, compaixão e delicadeza. Deve evitar-se, para com eles, qualquer atitude de injusta discriminação" (APPH[8], n. 10), mas também deve ser exercida uma caridosa correção fraterna para que busquem viver os valores cristãos por meio de uma vida casta (APPH, n. 12).

Síntese

Neste capítulo, explicamos que, tendo em vista a importância do matrimônio e da família para a sociedade, a Igreja vem, após o Concílio Vaticano II, refletindo sobre as condições atuais em que estes estão inseridos e, por meio de sua doutrina, vem estabelecendo práticas pastorais relacionadas a esses temas.

Entre as diferentes realidades existentes, apresentamos neste capítulo as situações de exceção ao matrimônio, nas quais o relacionamento que visa à união entre pessoas não está pautado nos princípios doutrinais da Igreja, como: as relações pré-matrimoniais, que contrariam os princípios da indissolubilidade, comunhão e doação mútua e, por vezes, da procriação, tendo em vista seu caráter temporal e utilitarista; o divórcio sem segunda união, que fere basicamente o princípio da indissolubilidade; a condição dos recasados, que contraria a indissolubilidade, a comunhão, a doação mútua e a fidelidade; e a união de pessoas do mesmo sexo, que não é sequer reconhecida pela Igreja, uma vez que contraria o ordenamento natural da vida.

---

8 APPH – *Carta aos bispos da Igreja Católica sobre o atendimento pastoral das pessoas homossexuais*. Disponível em: <http://www.vatican.va/roman_curia/congregations/cfaith/documents/rc_con_cfaith_doc_19861001_homosexual-persons_po.html>. Acesso em: 23 jan. 2018.

Indicação cultural

O documento que indicamos a seguir discute a questão da união entre pessoas do mesmo sexo, buscando fundamentar a doutrina da Igreja em relação ao matrimônio e discutindo o direito à união legal.

SAGRADA CONGREGAÇÃO PARA A DOUTRINA DA FÉ. **Considerações sobre os projectos de reconhecimento legal das uniões entre pessoas homossexuais**. Roma, 3 jun. 2003. Disponível em: <http://www.vatican.va/roman_curia/congregations/cfaith/documents/rc_con_cfaith_doc_20030731_homosexual-unions_po.html>. Acesso em: 25 jan. 2018.

Atividades de autoavaliação

1. As situações de exceção ao matrimônio são aquelas nas quais o relacionamento que visa à união entre pessoas não está pautado nos princípios doutrinais da Igreja. Tendo em vista o cenário histórico-cultural que vivemos, tais situações requerem uma abordagem analítica e diversificada, com base em um olhar para a complexidade no qual a família está inserida. Em resposta, foram pontuados na exortação apostólica *Familiaris Consortio* alguns motivos que podem ser causa ou consequência das situações de exceção ao matrimônio, entre eles:
    I. O número decrescente de divórcios.
    II. Equivocada concepção teórica e prática de independência dos cônjuges entre si.
    III. Instauração de uma verdadeira e própria mentalidade contraceptiva.
    IV. Dificuldades concretas, que a família muitas vezes experimenta na transmissão dos valores entre gerações.

Assinale a alternativa que apresenta as afirmativas corretas:
a) I, II, III.
b) II, III, IV.
c) I, II, IV.
d) II, IV.

2. As relações pré-matrimoniais são aquelas nas quais há a união entre homem e mulher não ratificada pelo sacramento do matrimônio. Elas podem ser:
   a) matrimônio de experiência, noivado e união civil.
   b) namoro, união livre de fato e união civil.
   c) matrimônio de experiência, união livre de fato e união civil.
   d) matrimônio de experiência, união livre de fato e noivado.

3. Vários documentos atestam o aumento do número de divórcios em nossa sociedade. Um matrimônio válido, em razão de diversas circunstâncias (incompreensões recíprocas, incapacidade de abertura a relações interpessoais), pode sofrer cisões profundas e irreparáveis. Nesse sentido, o divórcio não é entendido apenas como uma separação de duas pessoas; é também o rompimento da aliança de salvação entre os esposos da qual o matrimônio sacramental é o sinal.

   Sobre o acolhimento pastoral aos divorciados sem segunda união, analise as afirmativas a seguir:
   I. A comunidade eclesial é entendida como lugar de apoio, compreensão e solidariedade.
   II. Devem ser oferecidos os meios para que a pessoa possa fazer uma experiência do perdão, inclusive com a estruturação de centros de escuta especializados.
   III. A essas pessoas deve ser vedado o acesso à vida sacramental, pois estão em estado de adultério.
   IV. Deve-se encorajar essas pessoas a perseverar na vida espiritual, conservar a fidelidade e buscar uma vida casta.

Assinale a alternativa que apresenta as afirmativas corretas:
a) I, II e III.
b) II, III e IV.
c) I, II e IV.
d) II e IV.

4. A situação dos recasados é entendida como um problema pastoral delicado e complexo que deve ser tratado com profundo discernimento (EASC, n. 29). Isso porque cada casal tem uma história e uma condição de relacionamento próprias que devem ser analisadas em sua singularidade e profundidade. Da mesma forma, a ação pastoral deve ser singularizada, tendo como pressuposto o acolhimento e o encorajamento para a autêntica vivência e o testemunho da fé. Entretanto, é vedada a esses casais a admissão ao sacramento da eucaristia. Por quê?
   a) Porque seria motivo de escândalo para a comunidade ver pessoas em situação irregular serem admitidas à Eucaristia.
   b) Porque esses casais são pecadores e não têm o direito de receber o sacramento.
   c) Porque o estado de vida desses casais contrasta com a união de amor entre Cristo e a Igreja, significada e realizada pela Eucaristia.
   d) Porque esses casais não se arrependeram de seu pecado e continuam em estado de união ilegítima.

5. A união homossexual é condenada pela Igreja, e esta afirma que não há possibilidade de fazer analogias entre o matrimônio e esse tipo de união. Sobre os motivos corretos para isso, analise as afirmativas a seguir.
   I. A Igreja entende que a complementariedade entre os sexos é fundamental para se entender a doutrina sobre o matrimônio.

II. As uniões de pessoas do mesmo sexo não estão de acordo com o ordenamento natural para a geração da vida.

III. As relações entre pessoas do mesmo sexo são fruto de uma verdadeira complementaridade afetiva e sexual.

Assinale a alternativa que apresenta as afirmativas corretas:
a) I, II e III.
b) I e II.
c) I e III.
d) II e III.

Atividades de aprendizagem

Questões para reflexão

1. Os matrimônios de experiência são uma das formas de relação pré-matrimonial cada vez mais frequentes. Eles têm como objetivo verificar se o ulterior relacionamento teria viabilidade de fato. Do ponto de vista da Igreja, tal relacionamento é vivenciado por meio de uma subversão do amor, que passa a ser entendido como uma paixão temporal, expressa na relativização do ato unitivo dos cônjuges. A Igreja destaca que uma das formas de se superar a mentalidade que pressupõe esse comportamento é por meio da educação para a sexualidade. Assim, reflita sobre as formas possíveis de desenvolvimento desse processo educacional.

2. Há uma séria preocupação da Igreja com as uniões civis de casais católicos, principalmente daqueles que, por motivos ideológicos ou práticos, rejeitam ou adiam a celebração do matrimônio. A principal razão para isso é o fato de esses casais, apesar de assumirem socialmente sua condição, não o fazerem religiosamente, tendo uma atitude de contrariedade na fé. Releia a Seção 5.2.1 e reflita sobre as possibilidades de atuação pastoral com esses casais.

Atividade aplicada: prática

1. Como explicitamos neste capítulo, a realidade dos recasados é um crescente em nossa sociedade e, consequentemente, em nossas comunidades eclesiais. Diversos trabalhos vêm sendo desenvolvidos com tais casais/famílias no intuito de acolhê-los na comunidade e de ajudá-los na vivência da fé. Pesquise alguma iniciativa nova referente a esse público e analise se ela está alinhada à doutrina da Igreja.

Considerações finais

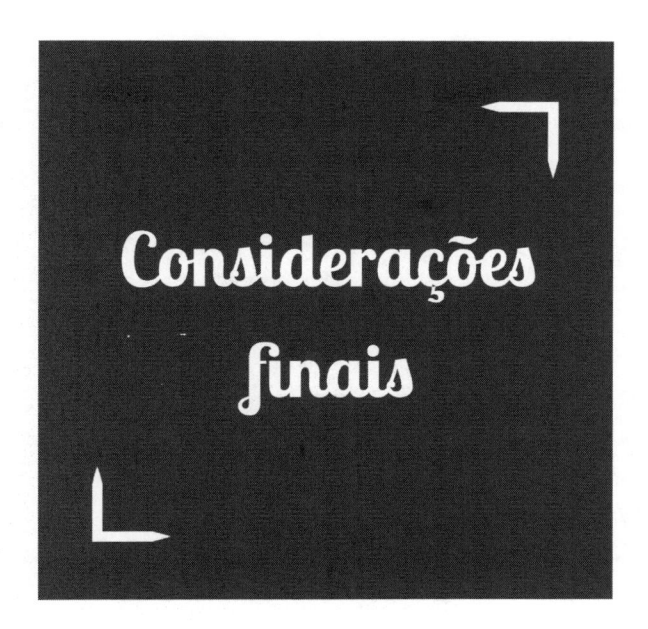

Na presente obra, apresentamos nossa visão sobre as questões da sexualidade, do matrimônio e da família com base na doutrina da Igreja Católica.

No Capítulo 1, no qual abordamos as questões que envolvem a sexualidade e o posicionamento do magistério, procuramos explicar as diferentes abordagen feita na Sagrada Escritura acerca da sexualidade. Também explicitamos como os documentos *Persona humana: sobre alguns pontos de ética sexual*, *Orientações educativas sobre o amor humano* e *Sexualidade humana: verdade e significado* entendem a sexualidade e sua vivência no âmbito familiar e social. Por fim, procuramos levar o leitor a refletir sobre as diferentes opções vocacionais e sobre a forma como a sexualidade é experienciada em cada uma delas.

No Capítulo 2, tratamos sobre as desordens sexuais e demonstramos os princípios antropológicos da sexualidade, com o objetivo de explicar os princípios gerais que fundamentam a doutrina cristã no que diz respeito às desordens morais. Dessa forma, apresentamos o posicionamento da Igreja sobre o autoerotismo, a homossexualidade, as relações extraconjugais e os transtornos de preferência.

No Capítulo 3, procuramos aprofundar o conhecimento do leitor no que se refere à teologia do matrimônio. Para isso, apresentamos os fundamentos bíblicos que podem ser compreendidos com base em três grandes princípios: da complementariedade, da sacralidade e da indissolubilidade. Posteriormente, explicamos que o Concílio Vaticano II entende o matrimônio como "princípio e fundamento da sociedade humana" (AA[1], n. 11). Evidenciamos na sequência que a importância desse conceito está ressaltada nos documentos pós-conciliares, em especial na exortação apostólica *Familiaris Consortio* e na carta às famílias *Gratissimam Sane*. A primeira salienta a importância do amor conjugal como fundamento da relação matrimonial (FC[2], n. 11), e a segunda, inserindo esse amor no mistério próprio de Deus, apresenta o matrimônio e a família como células fundamentais da sociedade (CGS[3], n. 4).

No Capítulo 4, abordamos a questão da família e da paternidade responsável e, objetivando apresentar a você, leitor, os princípios teológicos que fundamentam a doutrina da procriação, salientamos que esta deve se realizar por meio das funções geradoras naturais. Nesse sentido, destacamos o posicionamento negativo da Igreja com relação ao uso artificial de contraceptivos e seus desdobramentos, como também a condenação do aborto e do uso de embriões humanos para quaisquer fins que não sejam seu pleno e natural desenvolvimento. Por

---

1 AA – Decreto *Apostolicam Actuositatem*: sobre o apostolado dos leigos. Disponível em: <http://www.vatican.va/archive/hist_councils/ii_vatican_council/documents/vat-ii_decree_19651118_apostolicam-actuositatem_po.html>. Acesso em: 7 fev. 2018.

2 FC – Exortação apostólica de João Paulo II *Familiaris Consortio*. Disponível em: <http://w2.vatican.va/content/john-paul-ii/pt/apost_exhortations/documents/hf_jp-ii_exh_19811122_familiaris-consortio.html>. Acesso em: 22 jan. 2018.

3 CGS – Carta do Papa João Paulo II às famílias *Gratissimam Sane*. Disponível em: <https://w2.vatican.va/content/john-paul-ii/pt/letters/1994/documents/hf_jp-ii_let_02021994_families.html>. Acesso em: 24 jan. 2018.

fim, salientamos que a paternidade responsável fundamenta o planejamento familiar em um discernimento das condições físicas, econômicas, psicológicas e sociais (HV[4], n. 10).

No último capítulo, ao abordar as situações de exceção ao matrimônio, salientamos que a Igreja tem demonstrado uma preocupação acentuada com a realidade do matrimônio e da família na sociedade atual. Nesse sentido, tem identificado uma série de comportamentos, como o egoísmo e o individualismo, que prejudicam a vivência matrimonial. É por meio deles que compreendemos a existência das situações de exceção (pré-matrimoniais, divorciados, recasados e uniões de pessoas do mesmo sexo), que precisam receber um acompanhamento pastoral diferenciado e ser analisados singularmente, considerando-se a história que os envolve e o aspecto doutrinal.

Assim, procuramos, nesta obra, apresentar, de forma objetiva, uma reflexão sobre família e sexualidade com base nos ensinamentos do magistério da Igreja. Tal temática é ampla e complexa, não sendo possível contemplá-la de forma integral. Dessa maneira, nesse percurso esperamos ter contribuído para que você, caro leitor, construa uma reflexão teológica pautada na eclesialidade e na dimensão pastoral, visando à construção do Reino de Deus.

---

4 HV – Carta encíclica *Humanae Vitae*. Disponível em: <http://w2.vatican.va/content/paul-vi/pt/encyclicals/documents/hf_p-vi_enc_25071968_humanae-vitae.html>. Acesso em: 23 jan. 2018.

Lista de abreviaturas

1Cor	Primeira Carta de São Paulo aos Coríntios
AA	Decreto *Apostolicam Actuositatem*
AL	Exortação apostólica *Amoris Laetitia*
APPH	Carta aos bispos sobre o atendimento pastoral das pessoas homossexuais
CDC	*Código de Direito Canônico*
CESC	Carta Encíclica *Sacerdotalis Caelibatus*
CGS	Carta *Gratissimam Sane*
CIC	*Catecismo da Igreja Católica*
Ct	Livro do Cântico dos Cânticos
DAP	*Declaração sobre o aborto provocado*
DCE	Carta Encíclica *Deus Caritas Est*
Dt	Livro do Deuteronômio
DV	Constituição dogmática *Dei Verbum*
EASC	Exortação apostólica pós-sinodal *Sacramentum Caritatis*

Eclo	Livro do Eclesiástico
Ef	Carta de São Paulo aos Efésios
FC	Exortação apostólica *Familiaris Consortio*
Gn	Livro do Gênesis
GS	Constituição pastoral *Gaudium et Spes*
HV	Carta encíclica *Humanae Vitae*
IDV	Instrução *Donum Vitae*
Is	Livro do Profeta Isaías
Jr	Livro do Profeta Jeremias
Lc	Evangelho segundo São Lucas
Lv	Livro do Levítico
Mt	Evangelho segundo São Mateus
OE	Orientações educativas sobre o amor humano
Os	Livro do Profeta Oseias
PH	Declaração *Persona Humana: sobre alguns pontos da ética sexual*
PO	Decreto *Presbyterorum Ordinis*
Rm	Carta de São Paulo aos Romanos
SC	Constituição *Sacrosanctum Concilium*
SH	*Sexualidade Humana: verdade e significado*
Tb	Livro de Tobias
UPH	*Considerações sobre os projetos de reconhecimento legal das uniões entre pessoas homossexuais*
VS	Carta encíclica *Veritatis Splendor*

Referências

ABBAGNANO, N. **Dicionário de filosofia**. Tradução de Alfredo Bosi e Ivone Castilho Benedetti. 3. ed. São Paulo: M. Fontes, 1999.

BARCHIFONTAINE, C. de P. de. **Bioética e início da vida**: alguns desafios. Aparecida: Ideias e Letras; São Paulo: Centro Universitário São Camilo, 2004.

BÍBLIA. Português. **Bíblia de Jerusalém**. Nova edição, revista e ampliada. São Paulo: Paulus, 2017.

CNBB – Conferência Nacional dos Bispos do Brasil. **Diretório da Pastoral Familiar**. São Paulo: Paulinas, 2005.

CORRÊA, M. V. **Novas tecnologias reprodutivas**: limites da biologia ou biologia sem limites? Rio de Janeiro: EdUERJ, 2001.

DURAND, G. **Sexualidade e fé**: síntese de teologia moral. São Paulo: Loyola, 1989.

FABRIS, R. **As cartas de Paulo III**. São Paulo: Loyola, 1992.

LA SANTA SEDE. **Documentos do Concílio Vaticano II**. Disponível em: <http://www.vatican.va/archive/hist_councils/ii_vatican_council/index_po.htm>. Acesso em: 26 jan. 2018

LACOSTE, J.-Y. **Dicionário crítico de teologia**. São Paulo: Loyola; Paulinas, 2004.

NOCENT, A. et al. **Os sacramentos**: teologia e história da celebração. São Paulo: Paulinas, 1989. (Coleção Anámnesis, 4).

OLIVEIRA, J. L. M. de. **Teologia da vocação**: temas fundamentais. São Paulo: Loyola; IPV, 1999.

PASSOS, J. D.; SANCHEZ, W. L. (Org.). **Dicionário do Concílio Vaticano II**. São Paulo: Paulus, 2015.

RAHNER, K. (Ed.). **Sacramentum Mundi**: an encyclopedia of theology. New York: Herder and Herder, 1968a. v. 2.

_____. **Sacramentum Mundi**: an encyclopedia of theology. New York: Herder and Herder, 1968b. v. 6.

RICCI, L. A. L. Planejamento familiar à luz da **ética** teológica. In: SANCHES, M. A. (Org.). **Bioética e planejamento familiar**: perspectivas e escolhas. Petrópolis: Vozes, 2014. p. 187-203.

ROCCHETTA, C. **Os sacramentos da fé**. São Paulo: Paulinas, 1991.

ROTANIA, A. A. **Dossiê reprodução humana assistida**. Porto Alegre: Rede Feminista de Saúde, 2003.

RUTHES, V. R. M. **Influência do estoicismo na concepção de lei natural que fundamenta a *Donum Vitae*.** 114. f. Dissertação (Mestrado em Teologia) – Pontifícia Universidade Católica do Paraná, Curitiba, 2011. Disponível em: <http://www.biblioteca.pucpr.br/tede/tde_busca/arquivo.php?codArquivo=1930>. Acesso em: 6 fev. 2018.

SCHNEIDER, T. (Org.). **Manual de dogmática**. Petrópolis: Vozes, 2001. v. II.

SCHWIKART, G. **Dicionário ilustrado das religiões**. Aparecida: Santuário, 2001.

SNOEK, J. **Ensaio de ética sexual**. São Paulo: Paulinas, 1982.

STORNIOLO, I.; BALANCIN, E. M. **Como ler o Livro do Gênesis**: origem da vida e da história. São Paulo: Paulus, 1991.

TOMÁS DE AQUINO, São. **Suma teológica**. São Paulo: Loyola, 2005. v. IV.

_____. _____. São Paulo: Loyola, 2009. v. III.

ZUCCARO, C. **Moral sexual**: novo manual de teologia moral. São Paulo: Ave Maria, 2004.

Bibliografia comentada

CNBB – Conferência Nacional dos Bispos do Brasil. **Diretório da Pastoral Familiar.** São Paulo: Paulinas, 2005.

Trata-se de um documento que tem por finalidade analisar e orientar as ações da pastorais familiares brasileiras. Ele contém uma reflexão profunda a respeito dos documentos eclesiais sobre o matrimônio e a família no contexto histórico-social da atualidade.

JOÃO PAULO II, Papa. **Exortação apostólica Familiaris Consortio.** São Paulo: Paulinas, 2005. Disponível em: <http://w2.vatican.va/content/john-paul-ii/pt/apost_exhortations/documents/hf_jp-ii_exh_19811122_familiaris-consortio.html>. Acesso em: 6 fev. 2018

Essa publicação apresenta o documento oficial da Igreja que analisa de forma profunda a situação da família e do matrimônio. Dividida em quatro partes, essa exortação apostólica avalia o contexto histórico-cultural, apresenta uma doutrina sobre o matrimônio e a realidade familiar, expõe os pressupostos para a vivência familiar cristã e lança as bases para o desenvolvimento de uma pastoral familiar.

PAULO VI, Papa. **Carta encíclica Humanae Vitae**: sobre a regulação da natalidade. Roma, 25 jul. 1968. Disponível em: <http://w2.vatican.va/content/paul-vi/pt/encyclicals/documents/hf_p-vi_enc_25071968_humanae-vitae.html>. Acesso em: 6 fev. 2018.

Esse documento oficial da Igreja versa sobre a regulação na natalidade, sobre o aborto e outros assuntos que se relacionam com a sexualidade humana. Ao recordar as características do amor conjugal, essa encíclica salienta a importância de se respeitar a natureza e a finalidade do ato matrimonial: a geração dos filhos.

RICCI, L. A. L. Planejamento familiar à luz da ética teológica. In: SANCHES, M. A. (Org.). **Bioética e planejamento familiar**: perspectivas e escolhas. Petrópolis: Vozes, 2014. p. 187-203.

Adotando um enfoque teológico e fazendo uso de dados de saúde pública, o autor analisa nessa obra diversos indicadores que ajudam a compreender os aspectos que envolvem as taxas de natalidade dos últimos dez anos e a mentalidade que fundamenta os métodos de regulação dos nascimentos.

ZUCCARO, C. **Moral sexual**: novo manual de teologia moral. São Paulo: Ave Maria, 2004.

Nesta obra, o autor apresenta a natureza da sexualidade, como ela é abordada na Sagrada Escritura (Antigo e Novo Testamentos), traz um panorama histórico acerca das concepções de sexualidade e aborda as questões relacionadas às desordens sexuais, como o autoerotismo e a homossexualidade.

Respostas

Capítulo 1
Atividades de autoavaliação
1. b
2. c
3. c
4. a
5. b

Atividades de aprendizagem
Questões para reflexão
1. A castidade constitui o eixo central que orienta a reflexão sobre a sexualidade. Entendida como a virtude moral que "mantém a integridade das forças vitais e de amor depositadas nela" (CIC, n. 2.338), ela garante ao ser humano a experiência profunda do amor, entendido como doação.

2. Os elementos básicos seriam: respeito à faixa etária para a abordagem de conteúdos acerca da vida sexual; integração da família e da escola no processo educacional; formação específica e testemunho de vida dos educadores; posicionamento da comunidade eclesial como testemunha, e da sociedade civil como defensora e promotora de direitos.

Capítulo 2
Atividades de autoavaliação
1. b
2. a
3. b
4. c
5. c

Atividades de aprendizagem
Questões para reflexão
1. Essa acolhida deve ser realizada com compreensão em um processo de apoio na esperança de ajudar o homossexual a superar as próprias dificuldades pessoais. Deve também orientar aqueles que desejam se inserir na comunidade eclesial e seguir a Deus, adotando uma vida casta, orientada para a fé e para a vivência comunitária.
2. É importante salientarmos que os princípios da lei natural continuam os mesmos: "na diversidade das culturas, a lei natural permanece como uma regra a unir os homens entre si, impondo-lhes, para além das diferenças inevitáveis, princípios comuns" (CIC, n. 1.957). No que diz respeito a sua aplicabilidade, no entanto, ressaltamos que pode ser necessária uma reflexão adaptada às condições de vida e à cultura, tendo em vista lugares e circunstâncias.

Capítulo 3
Atividades de autoavaliação
1. b
2. d
3. c
4. a
5. b

Atividades de aprendizagem
Questões para reflexão
1. O matrimônio é entendido como uma união corporal e espiritual entre o homem e a mulher, que por meio do amor se doam mutuamente um ao outro e na transcendência desse amor se doam também aos filhos.
2. A formação de uma comunidade de pessoas fundamentada no amor, a defesa e a promoção da vida, a participação no desenvolvimento da sociedade com base nos valores cristãos e também a atuação na vida e na missão da Igreja.

Capítulo 4
Atividades de autoavaliação
1. b
2. c
3. b
4. c
5. b

Atividades de aprendizagem
Questões para reflexão
1. Em primeiro lugar, para a Igreja, a procriação somente é aceita no contexto matrimonial. Em segundo, o uso de técnicas de reprodução

assistida desvincula o sentido unitivo e procriativo do ato sexual, relegando-os à intervenção técnica. Esta, por sua vez, passa a ter domínio sobre a origem e a destinação da pessoa, que se torna objeto. Por fim, nos casos especificados, há necessidade de utilização de gametas frutos de doação, o que desvirtua o vínculo parental.
2. A Igreja demonstra uma forte preocupação com essa questão, tendo em vista que esses embriões podem nunca ter a possibilidade de se desenvolver. Ao mesmo tempo, repudia de forma veemente toda e qualquer manipulação científica de embriões, independentemente da finalidade com que isso seja feito.

Capítulo 5
Atividades de autoavaliação
1. b
2. c
3. c
4. c
5. a

Atividades de aprendizagem
Questões para reflexão
1. A Igreja salienta que a educação sexual deve permear toda a vida da pessoa. Em especial, é importante ter em mente as diferentes faixas etárias e instâncias educacionais (família, escola, comunidade eclesial e sociedade). É importante ainda que essas instâncias estejam em harmonia, tanto no discurso quanto na prática.
2. Em linhas gerais, a Igreja apresenta a necessidade de acolhimento, fraterna orientação e conscientização para que os casais busquem a regularização de sua situação. Salientamos que, enquanto isso não acontece, a Igreja não permite a admissão do casal aos sacramentos.

Sobre o autor

Robson Stigar é doutorando e mestre em Ciência da Religião pela Pontifícia Universidade Católica de São Paulo (PUC-SP). Tem MBA em Gestão Educacional pelas Faculdade Opet e as seguintes especializações: Filosofia da Arte, pela Universidade Federal do Paraná (UFPR); Catequética, pela Pontifícia Universidade Católica do Paraná (PUCPR); Educação, Tecnologia e Sociedade, pela Universidade Tecnológica Federal do Paraná (UTFPR); Ensino Religioso, pela PUCPR; Psicopedagogia, pelo Centro Universitário Internacional Uninter; História do Brasil, pelas Faculdades Integradas Espírita (FIE). Tem aperfeiçoamento em Ensino de Filosofia e em Sociologia Política, ambos pela UFPR. É bacharel em Teologia e licenciado em Filosofia pela PUCPR e licenciado em Pedagogia pelo Centro Universitário Internacional Uninter. Atua como professor na educação básica e no ensino superior. É autor do livro *O ensino religioso e sua historicidade*, além de ter vários artigos científicos publicados em periódicos e artigos livres publicados em jornais de circulação.

Impressão:
Março/2018